Kritische Perspektiven für die Organisationen der Sozialen Arbeit

II

Johannes Stephens

Kritische Perspektiven für die Organisationen der Sozialen Arbeit

Bibliografische Information der Deutschen Nationalbibliothek:
Die Deutsche Nationalbibliothek verzeichnet diese Publikation in der Deutschen Nationalbibliografie; detaillierte bibliografische Daten sind im Internet über http://dnb.dnb.de abrufbar.

© 2020 Johannes Stephens

Herstellung und Verlag:
BoD – Books on Demand, Norderstedt

ISBN: 9 783752 687088

Inhaltsverzeichnis

VI

Einleitung

Das Jahr 2020 ist von der weltweiten Corona-Pandemie[1] bestimmt. Die Pandemie drängt nun auch in der Sozialen Arbeit Fragen in den Fokus, die bisher eher nur am Rand der Diskurse der Sozialen Arbeit standen. Aktuell werden neue und veränderte Perspektiven für die Soziale Arbeit nötig. Hierzu zählt unter anderem die bisher noch kaum hinterfragten Selbstverständlichkeiten der Sozialen Arbeit, wie zum Beispiel die fragwürdige Ökonomisierung, der starke Fokus auf die Fallarbeit, die kritisch zu diskutierenden Tendenzen zur Entpolitisierung und damit auch verbunden die Akzeptanz von sich immer mehr verstärkender sozialer Ungleichheit und sozialem Ausschluss. So zeigt sich in der Sozialen Arbeit schon länger ein Sich-Arrangieren mit der gesellschaftlichen Wirklichkeit des Neoliberalismus, mitsamt dem neoliberalen Individualismus.

Aus diesem Grund braucht es drei kritische Perspektiven für die Organisationen der Sozialen Arbeit: erstens die Macht- und Herrschaftsverhältnisse innerhalb der Sozialen Organisationen und gegenüber den Adressat*innen, zweitens die Macht- und Herrschaftsverhältnisse zwischen den sozialen Organisationen und drittens die kritische Reflexi-

---

[1] Zur Corona-Pandemie und den Auswirkungen auf die Sozialen Organisationen sowie auf das Fundraising habe ich eine Liste mit Links zu online erschienenen Artikeln erstellt unter www.johannes-stephens.de/corona

on des eigenen Aufgabenverständnisses der Sozialen Arbeit in der Gesellschaft.

In Zeiten der Corona-Pandemie im Jahr 2020 zeigt sich, dass die Soziale Arbeit über keine Lobby bei der Politik verfügt. In der öffentlichen Diskussion wird sie nicht als systemrelevant wahrgenommen und stattdessen wird diese Vokabel nahezu exklusiv für den Gesundheitssektor verwendet. Wenn nun öffentlich über eine Prämienzahlung für diese systemrelevanten Fachkräfte diskutiert wird, dann sind auch hierbei wieder die Arbeitsfelder der Sozialen Arbeit (z.B. die Kindertagesstätten und Krippen mit den jeweiligen Notgruppen etc.) ausgenommen. (vgl. ZDF 2020, Quelle Internet)[2]

Doch nach dem Ende der Krise wird die Soziale Arbeit gefragter sein denn je zuvor, da die Krise neue soziale Probleme schaffen wird und bestehende Probleme vergrößert. Alternativ kann die Krise auch dazu führen, dass die sozialen Leistungen reduziert werden, da die Krise zu viel Geld gekostet hat.

Es wird jedoch bereits heute deutlich, dass die Soziale Arbeit ihre Bedeutsamkeit nicht ausreichend politisch zum Ausdruck gebracht hat. Auch wenn die Fachkräfte der Sozialen Arbeit jeden Tag Gutes tun, wurde dies für die Öffentlichkeit nicht überzeugend genug dargestellt. Zudem

---

[2] https://www.zdf.de/nachrichten/wirtschaft/corona-pflegekraefte-praemie-100.html

hat die Soziale Arbeit die Politik nur noch selten herausgefordert und sich somit selbst positioniert. Dies wirft die Fragen nach der Bedeutung und Sinnhaftigkeit der Sozialen Arbeit auf, welche in sozialen, zumeist gemeinnützigen Organisationen organisiert ist.

Fragt man nun nach den Chancen dieser Krise, so hält Prof. Dr. Ronald Hartz bereits 2017 fest:

> „Einen […] Ausgangspunkt von Kritik stellen gesellschaftliche Krisenereignisse dar. Betrachtet man exemplarisch die globale Finanzkrise 2008-09, zeigt sich im akademischen Bereich im Rückblick eine Zunahme der Reflexivität, welche das eigene Handeln, das eigene wissenschaftliche Arbeiten einer kritischen Betrachtung unterzog. […] Kritik erwächst somit immer aus der Diagnose einer Krisenfähigkeit, muss sich jedoch reflexiv mit dem Status und der diskursiven Betrachtung von Krisen auseinandersetzen." (Hartz 2017, S. 175)

Dies verdeutlicht die Notwendigkeit einer alternativen Betrachtung von sozialen Organisationen und verweist auf die Perspektiven der kritischen Organisationsforschung. Dabei ist Kritik als ein Bestandteil der menschlichen Praxis zu verstehen, welche immer auf Spielräume im menschlichen und organisationalen Handeln sowie auf andere Möglichkeiten der Interpretation und der Bedeutungszuweisung gesellschaftlicher Praxis verweist. (vgl. Hartz 2017, S. 171)

Die kritische Organisationsforschung zielt ab auf die Reflexion des Zusammenhanges von Organisationsforschung und akuten Problemstellungen in der Gesellschaft. Dies umfasst beispielsweise Fragen der Ökologie, Formen der gesellschaftlichen In- und Exklusion, der gesellschaftlichen Macht von Organisationen sowie Unternehmen und ebenso die Stellung der Ökonomie und deren Wissensformen in der Gesellschaft. Weiterhin umfasst die kritische Organisationsforschung auch die (selbst-)kritische Reflexion der eigenen Arbeit mitsamt Forschung und Lehre und beinhaltet damit auch die eigene Einbindung und Verflechtung in ökonomische und (bildungs-)politische Zusammenhänge. (vgl. Hartz 2008, Quelle Internet)[3] Das Ziel dieses Buches ist es, die Perspektiven einer kritischen Organisationsforschung für die Organisationen der Sozialen Arbeit herauszuarbeiten und darzustellen. Leitend ist hierbei die Forschungsfrage, inwieweit sich die kritische Organisationsforschung für die Organisationen der Sozialen Arbeit eignet und welche Erkenntnisgewinne hiermit erzielt werden können. Weiterhin wird untersucht, welchen Nutzen diese Theorie für das Verständnis und die Gestaltung solcher sozialen Organisationen hat.

Dabei bleiben meine Ausführungen stets auf einer abstrakten Metaebene und versuchen von dort aus die kritische Organisationsforschung zu reflektieren. Die Ausführungen

---

[3] https://www.tu-chemnitz.de/wirtschaft/ema/forschung/forum/

beschränken sich außerdem auf die Organisationen der Sozialen Arbeit und fokussieren die (vermeintlichen) sozialen Probleme, welche die Organisationen der Sozialen Arbeit für sich zur Bearbeitung reklamieren.

1. Soziale Organisationen in Deutschland

In der Betriebswirtschaftslehre wird unter dem Begriff der „Organisation" das formale Regelwerk eines arbeitsteiligen Systems verstanden. Dies bedeutet, dass von einer Organisation gesprochen wird, wenn mehrere Personen[4] in einem arbeitsteiligen Prozess mit Kontinuität an einer gemeinsamen Aufgabe infolge eines gemeinsamen Ziels arbeiten. (vgl. Gabler Wirtschaftslexikon 2020, Quelle Internet)[5]

> „Die auf Einzelpersonen verteilten Arbeitshandlungen sind dabei aufeinander abzustimmen und auf das gemeinsame Ziel hin auszurichten. Es sind diese Merkmale, die Unternehmen, Vereine, Verbände, etc. als Organisationen von anderen Menschenansammlungen, wie der Warteschlange an der Bushaltestelle unterscheiden." (Gabler Wirtschaftslexikon 2020, Quelle Internet)[6]

In diesem Sinne ist ein Unternehmen eine Organisation, da es über eine innere Organisation verfügt, welche durch eine

---

[4] Für alle Bezeichnungen, die auf Personen bezogen sind, wird in der Regel die Form „*innen / *in" verwendet, sodass alle Geschlechter gemeint sind. Wenn beide Formen ausgeschrieben sind, ist es eindeutig, dass beide Geschlechter gemeint sind. Sollte nur ein Geschlecht erwähnt sein, so ist dann nur dieses gemeint (z.B. die Sozialarbeiterinnen).

[5] https://wirtschaftslexikon.gabler.de/definition/organisation-51971

[6] https://wirtschaftslexikon.gabler.de/definition/organisation-51971

möglichst funktionale Aufgabenverteilung die Zusammen-
arbeit regelt. (vgl. ebd.) Dies trifft auch auf die Organisationen der Sozialen Arbeit zu, welche nachfolgend genauer
betrachtet werden.

Zum Zwecke dieses Buches ist es notwendig, zunächst
einmal zu definieren, was eine gemeinnützige Organisation
ist. Mit dem Begriff „Nonprofit-Organisation" (NPO, also
gemeinnützige Organisation) sind einer breiten Definition
zufolge alle Organisationen gemeint, die weder erwerbs-
wirtschaftliche Unternehmen noch öffentliche Behörden
der unmittelbaren Staats- und Kommunalverwaltung sind.
Weiterhin sind diese Organisationen hauptsächlich nicht
gewinnorientiert und haben einen als gesellschaftlich aner-
kannten sinnvollen und notwendigen Leistungsauftrag.
Ebenso sind die NPOs durch ein Mindestmaß an formaler
Organisation gekennzeichnet und weisen ein Minimum an
Selbstverwaltung, Freiwilligkeit und Entscheidungsauto-
nomie auf.

> „Eine Nonprofit-Organisation ist eine nach recht-
> lichen Prinzipien gegründete Institution (privat,
> halb-staatlich, öffentlich), die durch ein Mindest-
> maß an formaler Selbstverwaltung, Entschei-
> dungsautonomie und Freiwilligkeit gekennzeich-
> net ist und deren Organisationszweck primär in
> der Leistungserstellung im nicht-kommerziellen
> Sektor liegt." (Bruhn 2012, S. 21)

Zur Erfüllung ihrer Aufgaben benötigen die NPOs Finanz-
und Betriebsmittel sowie Arbeitskraft, welche rational

beschafft und so eingesetzt werden, dass die bestmögliche Zweckerfüllung mit geringstmöglichen Kosten erreicht wird. Hierbei gelten die Grundsätze der Wirtschaftlichkeit und Effizienz. (vgl. Gabler Wirtschaftslexikon 2020, Quelle Internet)[7]

In der internationalen Definition von Nonprofit-Organisationen („International Classification of Nonprofit-Organizations") wurden 1992 insgesamt 12 Kategorien von Nonprofit-Organisationen unterschieden:

1. Culture and Recreation

2. Education and Research

3. Health

4. Social Services

5. Environment

6. Development and Housing

7. Law, Advocacy and Politics

8. Philanthropic Intermediaries and Voluntarism, Promotion

9. International

10. Religion

11. Business and Professional Associations, Unions

12. Not elsewhere classified.

Dabei sind von größter ökonomischer Bedeutung in nahezu allen westlichen Industrienationen Nonprofit-Organisationen der ersten vier Kategorien, da sie die meis-

---

[7]https://wirtschaftslexikon.gabler.de/definition/nonprofit -organisation-npo-39562

ten Arbeitsplätze repräsentieren und somit insgesamt das größte finanzielle Volumen aufweisen. (vgl. Gabler Wirtschaftslexikon 2020, Quelle Internet)[8]

Die Nonprofit-Organisationen in Deutschland sind in der Regel vom Finanzamt als gemeinnützig anerkannt und profitieren somit von gesetzlich festgelegten Steuervergünstigungen und weiteren Vorteilen im betriebswirtschaftlichen Sinn. Die Voraussetzungen zur Anerkennung der Gemeinnützigkeit durch das Finanzamt finden sich in den §§ 51 bis 68 der Abgabenordnung. Damit definiert der Staat, welche sozialen Organisationen er im Sinne des Gemeinwohls als gemeinnützig anerkennt und welche nicht. Dass dies nicht immer unumstritten ist, zeigt der Fall des Vereins „ATTAC e.V.", welchem der Bundesfinanzhof im Jahr 2019 die Gemeinnützigkeit aberkannt hat. Der Verein ist im Bereich der Globalisierungskritik aktiv und richtet seinen Protest zusammen mit rund 90.000 Mitgliedern aus über 50 Ländern gegen die weltweit wachsende soziale Ungleichheit und gegen eine Globalisierung, welche sich nur an den mächtigen Wirtschaftsinteressen orientiert. (vgl. ATTAC e.V. 2020, Quelle Internet)[9] Der Bundesfinanzhof argumentierte gegen den Verein, dass dieser versuche, die politische Meinung zu beeinflussen. Dieses trage nicht zur politischen Bildung bei und sei daher nicht gemeinnützig. Diese Tätigkeit der politischen Kampagnen seien nicht mit

---

[8]https://wirtschaftslexikon.gabler.de/definition/internatio nal-classification-nonprofit-organizations-icnpo-41226

[9] https://www.attac.de/was-ist-attac/selbstverstaendnis/

den in der Abgabenordnung genannten 25 gemeinnützigen Zwecken vereinbar. (vgl. Die ZEIT 2019, Quelle Internet)[10] Dieses Beispiel zeigt auf drastische Art und Weise, wie der Staat hier die Gemeinnützigkeit kontrolliert und somit auch Macht über die sozialen Organisationen ausübt.

In Deutschland gibt es heute mehr als 600.000 gemeinnützige Organisationen (vgl. Die Welt 2020, Quelle Internet)[11], in welchen sich mehr als 30 Millionen Menschen (Hauptamtliche und Ehrenamtliche) engagieren. Insgesamt sind in der gemeinnützigen Sozialwirtschaft mehr als 3,7 Mio. Arbeitnehmer*innen beschäftigt. (vgl. Deutscher Fundraising Verband 2020, Quelle Internet)[12]

Dies stellt in solch einer Größenordnung eine gesamtgesellschaftliche Relevanz dar, welche zugleich die Bedeutung von Organisationsformen im gemeinnützigen Bereich verdeutlicht. Daher lohnt es sich zu untersuchen, welche Formen der Organisationsforschung sich als sinnvoll erweisen. In dieser Arbeit wird dabei der Fokus auf die kritische Organisationsforschung gelegt.

---

[10] https://www.zeit.de/politik/deutschland/2019-02/bundesfinanzhof-attac-aberkennung-status-gemeinnuetzigkeit-aktivismus

[11] www.welt.de/wirtschaft/article207340789/Offener-Brief-Gemeinnuetzige-Organisationen-fordern-Soforthilfe.html?cid=socialmedia.facebook.shared.web

[12] www.dfrv.de/blog/2020/04/20/offener-brief-gemeinnuetziger-sektor-fordert-solidaritaet/

Finanzierungsformen für die sozialen Organisationen

Die Adressat*innen der Sozialen Arbeit sind in der Regel nicht in der Lage, die Leistungen, welche sie erhalten, auch zu bezahlen. Somit muss der überwiegende Teil der finanziellen Ressourcen für die von den Adressat*innen nachgefragten Leistungen durch Sozialversicherungsbeiträge und Steuermittel finanziert werden.

Aus diesem Grund wird die Soziale Arbeit in Deutschland überwiegend durch freie, privatrechtlich organisierte Träger (Organisationen) durchgeführt. Hierfür greifen die sozialen Organisationen für ihre sozialen Dienstleistungen auf die angesprochenen öffentlichen Finanzierungen zurück. Nur in seltenen Fällen ist es möglich, soziale Dienstleistungen auf dem freien Markt zu verkaufen. Damit sind die öffentlichen Haushalte und die sozialen Sicherungssysteme (geregelt in den Sozialgesetzbüchern) die wichtigsten Finanzierungsquellen. Dabei wird diese Finanzierung durch die öffentliche Hand mittels der Gesetze oftmals sehr detailliert festgelegt. Doch es sind auch marktorientierte Finanzierungsformen eingeführt worden, sodass Leistungen öffentlich ausgeschrieben werden und der kostengünstigste Anbieter den Zuschlag erhält.

(vgl. Kohlhoff 2017, S. 1)

Laut Kohlhoff unterscheidet sich die Finanzierung der sozialen Organisationen dahingehend weiter, dass es einen

Unterschied zwischen einer Subjekt-Finanzierung (indirekt) und einer Objekt-Finanzierung (direkt) gibt.

> „Durch die Subjekt- (indirekte) Finanzierung werden die Kosten im gesamten Umfang gedeckt. Anspruchsberechtigt sind nicht die freien Träger, sondern anspruchsberechtigte Personen (Subjekte), die Klienten (Leistungsempfänger) der Einrichtung." (Kohlhoff 2017, S. 3)

Diese indirekte Finanzierung kann auf der Grundlage von Leistungsentgelten erfolgen und ist in der Sozialen Arbeit weit verbreitet. (vgl. ebd. S. 3)

Als zweite Finanzierungsform werden Einrichtungen (Objekte) der Sozialwirtschaft über öffentliche Zuwendungen von Bund und Ländern oder der Europäischen Union oder mittels Subventionen durch Gemeinden und Landkreise direkt finanziert. Diese direkte Bezuschussung kann einmalig als Projektfinanzierung erfolgen oder über einen längeren Zeitraum bzw. dauerhaft als institutionelle Förderung. (vgl. ebd. S. 4)

Fundraising als Finanzierungsform der Sozialen Arbeit

Zur Realität der Finanzierung der Sozialen Arbeit gehört auch, dass diese nicht nur durch staatliche Gelder refinanziert wird. Oftmals ist die staatliche Finanzierung nicht ausreichend oder deckt nur einen Mindeststandard ab. Wenn die Nonprofit-Organisationen zusätzliche Angebote anbieten möchten oder die bestehenden Angebote erweitern möchten, dann ist eine zusätzliche Finanzierungsquelle von Nöten.

Ein zweiter großer Punkt der Refinanzierung ist das sogenannte „Fundraising". Fundraising, als die professionelle Mittelbeschaffung für soziale Zwecke, ist mittlerweile zu einem festen Bestandteil in der Tätigkeit von sozialen und gemeinnützigen Organisationen geworden – zumal der Staat hierfür zahlreiche Steuervorteile gewährt. Seit vielen Jahren liegt die Summe der jährlich erfassten Spenden konstant bei über 5 Milliarden Euro. Darin sind Erbschaften, Unternehmensspenden, Kirchensteuer durch freiwillige Mitgliedschaft und Großspenden noch nicht erhalten. Zählt man diese noch hinzu, kommt der Deutsche Fundraising Verband auf ein jährliches Gesamtvolumen von 33,9 Milliarden Euro Spenden in Deutschland[13] an gemeinnützige Organisationen. Hier sind allerdings weiterhin noch nicht die Projektfördergelder erfasst. Dies stellt seit vielen Jahrzehnten eine feste Säule der Finanzierung der Sozialen Arbeit in Deutschland dar.

Das Fundraising, also das Einwerben von (freiwilligen) Spenden oder Projektfördergeldern, ist ein fester Bestandteil der Finanzierung der Sozialen Arbeit geworden. Dies geschah bislang ohne Widerspruch und ohne eine kritische Reflexion der Rolle des Rückzugs des Sozialstaats im Zuge des Neoliberalismus sowie des Fundraisings selbst. Wei-

---

13

https://www.dfrv.de/blog/2019/11/28/pressemitteilung-spendenpotenzial/

terhin ist die Beziehung von Fundraising und Sozialer Arbeit weitestgehend unbestimmt. Ist die Soziale Arbeit der Auftraggeber für das Fundraising oder beauftragt das Fundraising die Soziale Arbeit? Es stellt sich also die Frage nach den jeweiligen Wirkungsweisen und Abhängigkeiten.

In den heutigen neoliberalen Zeiten, in denen sich der Sozialstaat zunehmend aus der Finanzierung der Sozialen Arbeit herauszieht, entsteht ein Kampf um die Verteilung der benötigten Spendengelder unter den gemeinnützigen Organisationen. In den letzten Jahrzehnten ist dieser Verteilungskampf professionalisiert worden und hat mittlerweile weltweite Dimensionen.

Bereits heute ist absehbar, dass aufgrund der Corona-Pandemie die Spendeneinnahmen bei den Organisationen einbrechen werden bzw. bereits drastisch eingebrochen sind. Dies betrifft insbesondere kleine gemeinnützige Organisationen, welche nicht über ausreichende finanzielle Rücklagen verfügen und diese Krise voraussichtlich nicht überleben werden. Unter den sozialen Organisationen in Deutschland verstärkt sich nun durch die Corona-Pandemie der Kampf um die Verteilung der benötigten Spendengelder. Wenn Spender*innen nun aufgrund der Krisenzeit weniger spenden, dann wird dieser Verteilungskampf noch stärker geführt werden. Da die Corona-Pandemie weltweit ausgebrochen ist, wird es auch zu einem weltweiten Kampf um die noch verbleibenden Spendengelder kommen. Und der Staat lässt die Soziale Arbeit und ihre Akteure*innen in dieser Krise alleine. Die sozialen

Organisationen sind bislang noch nicht unter den großen Wirtschaftsrettungsschirm gekommen bzw. die Anforderungen sind so hoch, dass dies insbesondere für kleine Organisationen auch nicht infrage kommen wird. (vgl. Handelsblatt 2020, Quelle Internet)[14] Die großen Organisationen schaffen es womöglich, aber für viele kleine Organisationen wird es das Ende ihrer Tätigkeit sein. Dies trifft vor allem die Organisationen, welche sich (fast) ausschließlich über Spenden finanzieren. Damit verbleibt den sozialen Organisationen nur die Möglichkeit, nun mehr Spenden einzuwerben. Weiterhin ist darauf hinzuweisen, dass, wer das Geld gibt, damit immer auch eigene Interessen und Zielsetzungen verfolgt. Dies ist keine Umverteilung des Kapitals der Reichen an die Armen im Sinne einer sozialistischen Ideologie. Daher gilt es zu untersuchen, inwiefern diese Eigeninteressen der Kapitalgeber mit den Grundprinzipien der Demokratie und des Sozialstaats überhaupt zusammenpassen, wenn durch die Spende Macht, Herrschaft und Einfluss ausgeübt wird. Wenn die Spendengelder nun dazu dienen, denen eine Stimme und Macht zu geben, welche über mehr Finanzressourcen verfügen, dann kollidiert dies mit dem demokratischen Verständnis, dass alle Menschen gleich sind und selbst Einfluss auf ihre An-

---

[14]
https://www.handelsblatt.com/politik/deutschland/coronakrise-gemeinnuetzige-unternehmen-in-not-kommt-bundesweite-hilfe-fuer-vereine-initiativen-und-traeger/25758650.html?ticket=ST-4297626-YAn1sL1XLIcjvkoVpfty-ap1

liegen nehmen können. Diesen Kritikpunkt vertritt neben anderen auch Theodore M. Lechterman. Der Philosoph und Politikwissenschaftler ist besonders an der Frage interessiert, wie die Werte einer demokratischen Gesellschaftsordnung auf wirtschaftliche Praktiken angewendet werden können. 2016 wurde er am Department of Politics der Princeton University mit seiner Arbeit über »Donors' Democracy: Private Philanthropy and Political Morality« promoviert. Ihm geht es im Kern um den Einfluss von Spenden durch Kapitalgeber und die damit verbundene Ausübung von Macht in einer Demokratie.

> „We commonly believe that citizens of a liberal democracy should be free to donate private property, particularly when those donations serve public purposes. […] However, when donations serve to amplify the voices of those with greater resources, they appear to clash with a sacred democratic norm: that citizens are entitled to equal influence over their common affairs." (DataSpace Princeton University Doctoral Dissertations 2016, Quelle Internet)[15]

Die fragwürdige Ökonomisierung der Sozialen Arbeit ist mittlerweile zu einer kaum noch hinterfragten Selbstverständlichkeit geworden. Damit zeigt sich das Arrangieren

---

[15]

https://dataspace.princeton.edu/jspui/handle/88435/dsp012z10ws70c

der Sozialen Arbeit mit der gesellschaftlichen Wirklichkeit des Neoliberalismus. Grundsätzliche Ideen einer gesellschaftlichen Veränderung spielen kaum noch eine Rolle und die Soziale Arbeit verhält sich in ihrer Praxis überwiegend affirmativ. Somit liegt das eigentliche Dilemma der Sozialen Arbeit auch darin begründet, dass sie an der Bestimmung ihres Gegenstandsbereiches im Regelfall nicht beteiligt ist. Dies wird vielmehr anderen Bereichen (Medizin, Recht, Politik, Ökonomie etc.) überlassen und dadurch ist die Soziale Arbeit in der Konsequenz fremdbestimmt und hat unter zunehmendem Legitimationszwang, die ihr so vorgegebenen sozialen Wirklichkeiten zu bewältigen. Die zumeist öffentlichen und staatlichen Finanzierungsträger der Sozialen Arbeit verlangen, dass die Soziale Arbeit die konstruierten und interessensgeleiteten Vorstellungen von gesellschaftlicher Normalität und Ordnung herstellt. Dies betrifft insbesondere Devianz, Delinquenz, sog. „soziale Probleme" und „Problemgruppen", da aus diesen heraus die Funktionszuweisungen und Arbeitsaufträge für die Soziale Arbeit entstehen (insbesondere integrieren, resozialisieren, kontrollieren, disziplinieren, fordern und fördern etc.). Dies bildet die Grundlage der Finanzierung der Sozialen Arbeit über Entgeltvereinbarungen, Tagessatzverhandlungen etc. Weiterhin zeigen sich im Kampf um die Verteilung von öffentlichen Mitteln wie ebenso von Spendengeldern privater Kapitalgeber, die Ergebnisse der neoliberalen Entwicklungen der letzten zwei Jahrzehnte. Die Adressat*innen der Sozialen Arbeit (zumeist gesellschaftlich ausgegrenzte und marginalisierte Gruppen) stehen einem sog. aktivierenden Sozialstaat gegenüber, in welchem nun die Soziale Arbeit mittels neuer Steuerung, Dienstleistungsorientierung, Qualitätsmanagement, den Forderungen nach erhöhter Effizienz der Maßnahmen der Sozialen Arbeit, sowie nach dem Prinzip von fordern und fördern, die gewünschten Ergebnisse für den Staat als Auftraggeber der Sozialen Arbeit produzieren soll. Doch eine kritische Soziale Arbeit hat die Macht-, Herrschafts- und Ungleichheitsverhältnisse sowie die Strategien und Prozesse, die diese Verhältnisse kontinuierlich reproduzieren, zu thematisieren und zu skandalisieren. (vgl. Bettinger 2015, Quelle online)[16] Dies wird im Laufe dieses Buches vertiefend dargestellt.

---

[16] https://www.gew-hb.de/aktuelles/detailseite/neuigkeiten/was-ist-soziale-arbeit/

2. Soziale Arbeit als Wissenschaft

Die Soziale Arbeit ist eine Wissenschaft und daher ist es notwendig, sich mit den Organisationsformen der Institutionen der Sozialen Arbeit auf einem wissenschaftlichen Niveau zu beschäftigen. Ebenso braucht es dementsprechend auch eine Organisationsforschung für die Organisationen der Sozialen Arbeit.

> „Mit Beginn der 1980er Jahre wurde von einigen VertreterInnen des Theoriediskurses die Notwendigkeit zur Etablierung einer eigenständigen, von der Sozialpädagogik unabhängigen Sozialarbeitswissenschaft konstatiert." (Lambers 2018, S. 377)

Dabei grenzt sich die Sozialarbeit von der Sozialpädagogik so ab, dass die Sozialarbeit den allgemeinen Fall und die Sozialpädagogik den speziellen Fall gesellschaftlicher Integration bezeichnet. (vgl. Merten 1996, S. 85) Nach heutigem Stand besteht weitgehend Konsens darin, dass es sich bei der Sozialen Arbeit um eine sozial- und geisteswissenschaftliche Handlungswissenschaft handelt (vgl. Birgmeier 2009, S. 241) Der Begriff Handlungswissenschaft bedeutet nicht, dass es sich um eine rein angewandte Praxiswissenschaft bzw. Professionswissenschaft handelt. Vielmehr handelt es sich bei der Sozialen Arbeit um eine Synthese aus der kritischen Reflexionswissenschaft und der Handlungswissenschaft. Hierbei kommt der Transdisziplinarität eine zentrale Bedeutung zu und damit wird deutlich, dass weitere Theoriebildung für die Entwicklung der Disziplin und Profession unverzichtbar ist. (vgl. Lambers 2018, S. 381f.)

> „Ebenfalls Übereinstimmung besteht darin, dass die Theoriebildung der Wissenschaft der Sozialen Arbeit nicht auf eine normative Orientierung verzichten kann. Damit sind Werturteil und Ethik angesprochen." (Lambers 2018, S. 382)

Diesem Ansatz folgend leitet die Kritische Soziale Arbeit ihre normativen Orientierungen im Wesentlichen aus der Kritischen Theorie, den Gerechtigkeitstheorien (vor allem capability/-ies approach) und damit auch aus einer christlichen sowie rechtsphilosophischen Tradition einer Begründung von Menschenrechten und Menschenwürde ab. (vgl. ebd. S. 382)

Mit Blick auf die Positionsbestimmungen einer kritischen Theorie und Praxis Sozialer Arbeit stellen Roland Anhorn, Frank Bettinger und Johannes Stehr fest:

> „Die vorherrschenden Theorien Sozialer Arbeit sind einer Gegenstandsbestimmung verhaftet, die mit der Fokussierung auf ´Soziale Probleme´ eine ordnungstheoretische Perspektive auf die Gesellschaft einnehmen, in der soziale Ausschließung […] zwar durchaus thematisiert und analysiert wird, allerdings werden mit ihr einhergehende Phänomene meist als Probleme der Integration von Ausgeschlossenen und Ausgegrenzten beschrieben – und nicht als zentraler gesellschaftlicher Mechanismus, der mit sozialen Ungleich-

heitsverhältnissen verwoben ist und auf die grundlegenden Bedingungen von sozialer Teilhabe verweist. Vor diesem Hintergrund ist es das vorrangige Anliegen [...] Soziale Arbeit auf soziale Ungleichheits- und Ausschließungsverhältnisse als ihrem zentralen Gegenstand in Theorie und Praxis zu (re-)fokussieren." (Anhorn, Bettinger, Stehr 2002, S. 9f.)

Diesem Verständnis von Sozialer Arbeit folgend, werden im Weiteren die kritischen Perspektiven für die Organisationsforschung dargestellt.

3. Einführung in die Kritische Soziale Arbeit

Die kritische Theorie als Ausgangsbasis der kritischen Sozialen Arbeit ist ein Typus der modernen Sozialphilosophie. In der kritischen Theorie wird die Wirklichkeit der bürgerlichen Gesellschaft, wie sie ist mit einer sozialen Wirklichkeit, wie sie sein könnte, unterschieden. Dabei sind ihre Begriffe sowohl deskriptiv als normativ und verbinden damit historische und systematische Beschreibungen und Erklärungen von gesellschaftlichen Strukturen und Zuständen mit der Darstellung von deren kontrafaktischem Potenzial. (vgl. Schweppenhäuser 2010, S. 7)

> „Die normative Begründung der Kritik und deren Explikation mithilfe von philosophischer Kategorienarbeit, sozialwissenschaftlichen Methoden und aktuellen empirischen Forschungsergebnissen werden im Konzept der Kritischen Theorie integriert." (Schweppenhäuser 2010, S. 7)

Dabei entstand die Bezeichnung „Kritische Theorie" bereits Mitte der 1930er Jahre. Namensgebend war der Philosoph Max Horkheimer, welcher das theoretische Modell als Grundlage des Forschungsprogramms des Frankfurter Instituts für Sozialforschung entwickelt hatte. Der historische Ausgangspunkt des Forschungsprogramms waren die damalige Weltwirtschaftskrise und politische Krise der liberalen Demokratien in Europa. Dabei erkannten die Wissenschaftler am Institut früher als die meisten anderen

die Tendenz zum Übergang zu autoritären Herrschafts-
formen, welche den Interessen der Beherrschten entgegen-
setzt war, aber dennoch von deren Zustimmung getragen
wurde. (vgl. Schweppenhäuser 2010, S. 7f.) Der Kern der
Kritischen Theorie lässt sich wie folgt benennen:

> „Mithilfe normativer Kategorien aus der materia-
> listischen Philosophie – voran das Interesse an der
> Abschaffung vermeidbaren sozialen Elends, das
> heißt an einem gesellschaftlichen ´Zustand ohne
> Ausbeutung und Unterdrückung´ [...] - sollten ak-
> tuelle Erkenntnisse des gesamtgesellschaftlichen
> Ganzen organisiert werden. [...] Zunächst als
> Theorie der ausgebliebenen Revolution formuliert,
> setzt sich die Kritische Theorie damit auseinander,
> dass sie keine revolutionären Subjekte mehr defi-
> nieren kann, die als historischer Träger gesell-
> schaftlicher Bewegungsgesetze agieren, weil die
> Menschen darauf verzichten, im gesellschaftlichen
> Kampf dasjenige durchzusetzen oder auch nur zu
> benennen, was – aus der Sicht der Kritischen The-
> orie – ihre ureigenen Interessen wären." (Schwep-
> penhäuser 2010, S. 7f.)

Als ein Schwerpunkt der Kritischen Theorie hat sich die
philosophische Untersuchung der Konzepte von Vernunft,
Natur und Kultur herauskristallisiert. Diese kennzeichnen
den widersprüchlichen Prozess der gesellschaftlichen Rati-
onalisierung in der kapitalistischen Moderne. (vgl. ebd. S.
8)

Auch wenn es nach Horkheimer keine allgemeinen Kategorien für die kritische Theorie als Ganzes gibt, so liegt ihr doch die Überzeugung zugrunde, dass man Theorie und Kritik nicht separat betreiben könne, da die Beschreibung nur dann stimmig sein könne, wenn sie bereits in kritischer Absicht erfolgt. (vgl. ebd.)

Die kritische Theorie betont, dass eine angemessene und widerspruchsfreie Beschreibung von einem Gegenstand (oder Zustand) nur dann möglich ist, wenn Theorie und Kritik der Gesellschaft als ein Konzept verstanden werden und nicht als eine wertfreie Erkenntnis plus eine äußerlich bleibende kritische Parteinahme. (vgl. ebd.)

> „Die neutrale Beschreibung einer disparitätisch organisierten Gesellschaft würde aus der Sicht der Kritischen Theorie bereits eine unausgesprochene Parteinahme für sie enthalten, denn indem Ungerechtigkeit zu einer von vielen Realitäten gemacht wird, die man als Sozialtheoretiker neutral zu beschreiben habe, würde sie aufgewertet." (Schweppenhäuser 2010, S. 9)

In diesem Fall würde die Kritische Theorie versuchen, die Darstellung und die Kritik ihres Gegenstands gleichzeitig zu entwickeln. Dies könnte aus einer Analyse des Widerspruchs der modernen gesellschaftlichen Produktionsverhältnisse heraus entwickelt werden. Dabei rekonstruieren nun die Vertreter der Kritischen Theorie, Horkheimer, Adorno und Marcuse, soziale Ungleichheit als ein Symptom von Herrschaftsverhältnissen, welche so tief in die

Vergesellschaftung hineinreichen, sodass die Rationalität und Technologie, verstanden als Instrumente der Naturbeherrschung, gleichsam zu einer zweiten Natur werden. Dies sind selbst gemachte Fesseln, aus denen sich niemand befreien kann. (vgl. ebd. S. 9f.)

Dabei ist die Kritische Theorie eine begriffliche Konstruktion struktureller und historischer Wesensmerkmale der hoch- und spätkapitalistischen Gesellschaften und deren Gegensätze materialistisch und normativ sind. (vgl. ebd.)

> „Kritische Theorie ist Ideologiekritik. Sie untersucht Theorien, die implizit normativ sind, weil sie vorgeben, wie die Welt aufzufassen sei, und Handlungsmöglichkeiten darin festlegen. Solche implizit normativen Theorien konstituieren soziale und kulturelle Praktiken, doch sie treten auf, als hätten sie rein deskriptiven Charakter." (Schweppenhäuser 2010, S. 10)

Das Ziel der Kritischen Theorie ist es, diesen falschen Schein durchsichtig zu machen und stellt sich damit in die Tradition aufklärerischer Sozialphilosophie und -kritik. Hierbei verzichtet sie jedoch darauf die Grundlagen ihrer Kritik an der bestehenden sozialen Wirklichkeit durch den Rückgriff auf universale Prinzipien zu begründen sowie überzeitliche Vernunfts-Wahrheiten und geschichtsphilosophische Gewissheit darzustellen. Alle Theoretiker*innen der Kritischen Theorie halten jedoch daran fest, dass „[…] grundsätzlich ein Konzept eines vernünftigen Allgemeinen der Gesellschaft zu konzipieren sei." (Schweppenhäuser 2010, S. 11)

Der Kritischen Theorie liegen heterogene Ansätze zugrunde. Einheitlich bezieht sie sich jedoch im Kern auf die radikale Kritik an der Herrschaft von Menschen über Menschen und Natur. Nur für die Erklärung und Analyse dieser Phänomene werden unterschiedliche Wege eingeschlagen. Dies ist seit Beginn offensichtlich. Dem folgend ist auch eine Systematisierung der Kritischen Theorie nicht ohne Verallgemeinerungen und Verkürzungen möglich.

> „Der Übergang von Grünberg zu Horkheimer, die Parallelität vergleichsweise orthodox marxistischer Analysen (Wittfogel, Grossmann, Gurland), kulturphilosophisch und empirischsozialwissenschaftlich inspirierte Arbeiten (Fromm, Löwenthal, Adorno) am Institut für Sozialforschung Ende der 1920er- bis Mitte der 1930er-Jahre oder die Faschismuskontroverse zwischen Neumann und Kirchheimer auf der einen und Pollock und Horkheimer auf der anderen Seite (Dubiel und Söllner 1981) verweisen bereits auf eine konstitutive Heterogenität. Es geht in der Kritischen Theorie eben mehr um das Ringen um die zutreffende Herrschaftsanalyse als um die Fixierung einzelner Kategorien oder Anschauungen – denn wenn es, wie eine der Grundpositionen Kritischer Theorie immer wieder hervorhebt, zutrifft, dass der technische und technologische Fortschritt

von einem Fortschritt der Herrschafts- und Unterdrückungsmittel im Gleichschritt begleitet wird, dann ändert sich notwendig der empirische Bezug Kritischer Theorie." (Bittlingmayer und Freytag 2019, S. 10)

Das, was als Kritische Theorie bezeichnet werden kann, ist stets Bestandteil von symbolischen Auseinandersetzungen und Abgrenzungskämpfen im akademischen Feld.

„Weil Kritische Theorie aber immer auch auf eine Praxis (innerhalb des akademischen Betriebs) verweist und diese Praxis selbst in den Reflexionsbereich der Theorieentwicklung hineingeholt wird, sind theorieprogrammatische Fragen besonders sensibel. Ihre Proklamationen können und müssen selbst als wichtiger Kristallisationspunkt des Kampfes um die Definition und Definitionsmacht universitär, institutionalisierter oder öffentlich-publizistischer Kritischer Theorie verstanden werden" (Bittlingmayer und Freytag 2019, S. 11)

Aus diesem Grund kann die Zukunft der Kritischen Theorie auch nur als Forschungsprogramm formuliert werden, da sie sich nicht im Voraus konstruieren lässt und eine Chance haben muss, sich zu entwickeln. (vgl. ebd. S. 3ff.) An diesen Ansatz knüpft die kritische Organisationsforschung an.

3.1 Die Konstruktion der sozialen Welt

Der Konstruktivismus ist unmittelbar mit der Kritischen Theorie verbunden. Aus der Perspektive des Konstruktivismus ist die Allgegenwärtigkeit der Konstruktionen sozialer und politischer Welten nicht leicht zu erkennen, da die Menschen mit ihrem Alltagshandeln beschäftigt sind. Darüber hinaus glauben die Menschen in der Regel, dass Ereignisse für alle Beobachter*innen gleich sind. Bei der Betrachtung gegenwärtiger oder vergangener Erscheinungen, muss man sich immer wieder vor Augen halten, dass keine von ihnen einfach so geschehen ist oder eine objektiv festzumachende Bedeutung hat. Ihre Bedeutungen sind Konstruktionen unserer Sprache und Situationen. So wird die vermeintliche Wirklichkeit fortwährend auf dieselbe Weise rekonstruiert. Damit stellt sich die Frage nach einer kritischen Forschungsperspektive, welche sich der Herausforderung stellt, die Subjekte jenseits des institutionellen Blickes zu sehen. Dies impliziert vor allem, dass mit den institutionellen Problemdefinitionen von sog. „sozialen Problemen" und Normalitätsunterstellungen gebrochen wird. (vgl. Anhorn und Stehr 2012, S. 69)

Die Kategorien der Normalität und die Darstellung von Konformität sowie die Kategorien der Abweichung können jeweils strategisch eingesetzt werden, um damit gesellschaftliche Vorteilspositionen oder auch Zugehörigkeiten zu definieren. Für die Soziale Arbeit stellt sich nun das grundlegende Dilemma, dass soziale Leistungen und gesetzliche (Rechts-)Ansprüche an Bedingungen geknüpft sind, sodass den Subjekten (z.B. Adressaten*innen der Sozialen Arbeit) zugemutet wird, diese degradierenden, diskriminierenden und moralisierenden Merkmalszuschreibungen als Voraussetzungen dafür aufzugreifen. (vgl. ebd.) Das Subjekt hat keine Chance, sich diesen Etiketten bzw. Zuschreibungen zu entziehen und wird damit zum Ziel von sozialem Ausschluss.

Dieses Buch folgt einer kritischen Forschungsperspektive (im Sinne der Analyse der Konstruktion von sozialen Organisationen), welche sich dadurch auszeichnet, dass „[…] sie auf die Aufdeckung und Artikulation von Interessenskonflikten zielt und die Subjekte in ihrem Status als Konfliktpartei in den Auseinandersetzungen um gesellschaftliche Positionen wahrnimmt und sie zu ´Konfliktsubjekten´ werden lässt, die mit ihren Mitteln ihre Interessen – oftmals auf sehr verschlungenen Wegen – formulieren." (Anhorn und Stehr 2012, S. 69)

Damit zielt diese Forschung auf die Aufdeckung und die Beteiligung von Konflikten, um gesellschaftliche Positionierungen und als Bearbeitung von Ausschließungssituationen. (vgl. ebd.) Eine konflikt- und befreiungstheoretischorientierte Forschung innerhalb der Sozialen Arbeit hat das Ziel, an den zentralen Widersprüchen der Sozialen Arbeit anzusetzen und diese sichtbar zu machen. Dies wird nachfolgend in dieser Arbeit ausführlicher dargestellt.

Die Soziale Arbeit steht in einem vielfältigen und umfangreichen Spannungsfeld. Einerseits ist sie als Ordnungsmacht angehalten, disziplinierende und kontrollierende Funktionen zu erfüllen und andererseits soll sie für ihre Adressaten*innen emanzipatorische Perspektiven ermöglichen und befördern. (vgl. ebd. S. 72) In Bezug auf das kritische Analyseprogramm heißt dies nun, dass es das Ziel ist, die gesellschaftspolitischen, institutionellen und situativen Bedingungen herauszuarbeiten, welche es möglich werden lassen, dass Handeln in der Sozialen Arbeit zur Emanzipation und zur Partizipation der Adressaten*innen beitragen kann. Auf der anderen Seite müssen die Mechanismen und Prozesse aufgedeckt werden, durch welche das professionelle Handeln in Prozesse der Disziplinierung und Ausschließung umschlagen kann. (vgl. ebd. S. 72f.) Dies gilt es anhand der kritischen Forschungsperspektiven mit Fokus auf die Organisationen der Sozialen Arbeit herauszuarbeiten. Nachfolgend werden vier grundlegende Modelle der Gesellschaft kurz dargestellt und erläutert.

Ordnungstheorien vs. Befreiungstheorien

Im Rahmen von Ordnungstheorien wird die Gesellschaft primär unter dem Gesichtspunkt der Herstellung und Aufrechterhaltung von Ordnung in den Blick genommen. Das Ordnungswissen wird generiert und zu Herrschaftszwecken angewendet. Zum anderen sind theoretische Betrachtungen zu nennen, welche den Fokus auf die Befreiung, also die Überwindung bzw. Minimierung von Herrschaft legen. Hiermit verbunden ist die Produktion einer „widerständigen, herrschenden Ordnung, relativierenden und unterminimierenden Befreiungs-Wissens zum Gegenstand gesellschaftstheoretischer Reflexion." (vgl. Anhorn und Stehr 2012, S. 58) Die zentralen Ordnungstheorien gehen davon aus, dass der Mensch nicht aus sich selbst heraus Mensch ist und somit nicht automatisch gesellschaftsfähig. Stattdessen muss er erst gezähmt oder veredelt werden, sodass ein Zusammenleben überhaupt möglich ist. Als theoretisches Beispiel ist hier der sog. „Leviathan" von Thomas Hobbes zu nennen, welcher einen Kampf aller gegen alle impliziert. Erst durch einen Gesellschaftsvertrag lassen sich soziale Konstellationen konstruieren, sodass ein dauerhafter Zustand der Ordnung, der Stabilität, der Berechenbarkeit und der Friedfertigkeit erreicht werden kann. (vgl. ebd.)

> „In eine Art Tauschhandel (Gesellschaftsvertrag) wird die ungebundene, ́natürliche ́ Freiheit der Einzelnen durch die konsensuelle Etablierung einer zentralen Ordnungsmacht – eines Souveräns – beschnitten und in die ́zivilisierende ́ politische Struktur eines Gewaltmonopols überführt, das herrschaftliche Beschränkungen mit dem dauerhaften Versprechen von Sicherheit, Frieden und (bedingter) Freiheit für alle Mitglieder der Gesellschaft verbindet." (ebd.)

Aufgabe des Souveräns ist es nun, mit den Rechten und Mitteln der legitimen Gewaltanwendung in Form des staatlichen Zwangsapparats, die Gefahr des Rückfalls in Unordnung und Chaos, durch innere oder äußere Bedrohungen, abzuwenden. Damit gehen die Ordnungstheorien von einem Akt der Unterwerfung als einen Akt der Befreiung aus, sodass mittels einer legitimen guten Herrschaft, individuelles und kollektives Glück, Wohlstand, Freiheit etc. möglich wird (vgl. ebd. S. 58f.). Eine befreiungstheoretische Perspektive geht hingegen von Herrschaft als Grundsachverhalt der Gesellschaft aus. Die Gesellschaft ist herrschaftlich strukturiert und geordnet gedacht. Damit ist die herrschaftliche Verfassung einer Gesellschaft ein grundlegender sozialer Tatbestand, welcher ein individuelles und kollektives Glück, Freiheit, Selbstbestimmung etc. nicht nur nicht ermöglicht, sondern systematisch verhindert (vgl. ebd.). Dem folgend wird „Befreiung als Kritik und Überwindung bzw. Minimierung von Herrschaft zur Aufgabe einer befreiungstheoretisch begründeten Auseinandersetzung mit der Gesellschaft." (ebd.)

Konsenstheorien vs. Konflikttheorien

Die Theoretiker*innen der Konsenstheorien begreifen die Gesellschaft als ein integriertes Ganzes, welches sich über geordnete, arbeitsteilige Kooperationsverhältnisse und ein homogenes Zusammenwirken seiner interdependenten Einheiten erst herstellt. Jedes einzelne (Struktur- und Funktions-)Element erbringt seinen funktional und hierarchisch geordneten Beitrag zur Bestandserhaltung und Leistungsfähigkeit der Gesellschaft. Aus konsenstheoretischer Perspektive wird auf die gemeinsam geteilten Werte und Normen, d.h. die Unterstellung eines grundsätzlichen gesellschaftlichen Werte- und Normen-Konsens, verwiesen. Dieser transzendiert nicht nur die egoistischen Motive individueller Interessenkalküle, sondern erzeugt auch eine grundsätzliche Akzeptanz der gesellschaftlichen (Herrschafts-)Ordnung und ihrer Reproduktionsmechanismen. (vgl. ebd. S. 59f.) Aus widerstreitenden Interessenslagen und daraus resultierenden Konfliktverhältnissen wird ein übergeordnetes, alle Einzelinteressen übersteigendes, gesellschaftliches Ganzes. Aus Widersprüchen und Uneindeutigkeiten von Werten und Normen wird eine von allen geteilte homogene Werte- und Normenwelt. Aus sozialen Kämpfen um den Zugang und die Aneignung von gesellschaftlichen Ressourcen werden pathologische Fälle und Normabweichungen sowie Störungen des natürlichen Gleichgewichts der guten Ordnung. Diese gilt es nun wiederum abzuwehren, zu bekämpfen und zukünftig und präventiv zu verhindern. Nach Durkheim sind soziale Spaltungen und Konflikte das Ergebnis eines Zusammenbruchs des sozialen Zusammenhalts, der moralischen Integrationskräfte einer kollektiv geteilten Werte- und Normenwelt, der schwindenden sozialen Bindungskräfte (in den Paar-, Familien-, Nachbarschaftsbeziehungen etc.). (vgl. ebd.) Dem gegenüber stehen die Ansätze der Konflikttheorien. Gesellschaft ist ein Zusammenhang, welcher sich primär über ökonomische, soziale, politische und ideologische Konfliktverhältnisse herstellt. Die vermeintlichen Konflikte sind normale zwischenmenschliche Konflikte um Kultur, Habitus und Lebensweise. So ist beispielsweise das

Stigma "Flüchtling" nur Vorwand, um eine Machtebene von drinnen und draußen zu kreieren. Dies lenkt den Blick auf die Darstellung und Analyse von gesellschaftlichen Macht- und Herrschaftsverhältnissen. Damit werden hinter den Konfliktverhältnissen spezifische, sozioökonomisch-politisch-ideologisch begründete Interessenslagen sichtbar. Diese sind gleichermaßen Ursache und Ergebnis eines in sich widersprüchlichen und konflikthaften Vergesellschaftungsprozesses. Die populistische Politik ist generell dadurch charakterisiert, dass sie gesellschaftliche Interessenkonflikte verdeckt und stattdessen über Identitätspolitik soziale Gemeinsamkeit und moralischen Konsens behauptet. Diese populistische Politik hat in ihrer autoritären Färbung soziale Ausschließung als Herrschaftsmechanismus verbreitet und als Ressource für die vielfältige Benutzung zur Bearbeitung der Konflikte um gesellschaftliche Positionierungen verfügbar gemacht. (vgl. ebd.)

3.2 Die kritische Soziale Arbeit

Zur theoretischen Grundlage dieses Buches lässt sich sagen, dass für die Analyse mithilfe der Kritischen Theorie ein Rückgriff auf die Vertreter*innen der sog. Frankfurter Schule (Horkheimer, Adorno u. a.) sowie auf zeitgenössische Vertreter*innen (z.B. Anhorn, Bettinger, Cremer-Schäfer, Schimpf, Stehr u. a.) erfolgt. Dabei versteht sich die Kritische Theorie (der Sozialen Arbeit) als Kritik an einem als negativ gewerteten Gesellschaftszustand, zumeist Kapitalismus genannt, und zielt auf seine Veränderung. Diesem Ansatz folgend wird geprüft, welche Perspektiven eine kritische Organisationsforschung ermöglicht. Grundsätzlich kritisiert die Kritische Theorie die Soziale Arbeit in grundlegender Weise dahingehend, dass bei der selbigen auf die gesellschaftlichen Widersprüche lediglich reagiert werden kann. Es wird jedoch nicht auf die Widersprüche selbst eingegangen. Die Utopie einer freien Gesellschaft, welche die Kritische Theorie skizziert, hätte jedoch darin zu bestehen, dass die gesellschaftlichen Widersprüche aufgehoben wären und es demzufolge die Soziale Arbeit als einen gesellschaftlich ausdifferenzierten Bereich gar nicht mehr bräuchte. Die Gesellschaft selbst wäre also sozial. Damit stellt die Kritische Theorie nun die Soziale Arbeit als einen gesellschaftlichen ausdifferenzierten Bereich grundsätzlich in Frage und vermittelt eine immanente Kritik der bestehenden gesellschaftlichen Widersprüche. Hierbei wird aufgezeigt, dass die Soziale Arbeit die Folgen der Widersprüche auf die Menschen bestenfalls lindern kann und im schlechtesten Fall diese verstärkend an die Menschen weitergibt.

Die Soziale Arbeit begreift und definiert sich keineswegs selbstverständlich als gesellschaftskritisch. Stattdessen wird in der Sozialen Arbeit ein Diskurs geführt, der seinen Fokus nicht in der Analyse und Kritik der gesellschaftlichen Bedingungen von Hilfsbedürftigkeit und den gesellschaftlichen Formen des Helfens hat. So wird die vermeintliche Unangepasstheit des/der Einzelnen an die materiellen Lebensbedingungen bzw. die Unzulänglichkeit des/der Einzelnen gegenüber der moralischen Ordnung der Gesellschaft diskutiert. Dementsprechend braucht es eine Praxis, die darauf ausgerichtet ist, Individuen, Familien sowie soziale Gruppen mittels Hilfe und Kontrolle zu veranlassen, sich an die gesellschaftlichen Erwartungen, Normen, Zwänge und Strukturen anzupassen. (vgl. Scherr 2012, S. 108)

Sowohl in dieser Arbeit als auch im Alltäglichen wird oftmals von „der" Sozialen Arbeit gesprochen. Dieses semantische Konstrukt wird verwendet, um eine vermeintlich einheitliche homogene Disziplin bzw. Profession zu bezeichnen. Doch in der Ausdifferenzierung und zunehmenden Vielfältigkeit der Praxisbereiche sind hieran Zweifel angebracht. So gibt es eine „Unmöglichlichkeit zumindest für die Sozialarbeit und die Sozialpädagogik, geschweige denn für alle Praxisbereiche der Sozialen Arbeit einen gemeinsamen Gegenstandsbereich zu bestimmen." (Anhorn und Bettinger 2002, S. 11)

> „Populär – aber schwer zu begründen – ist es, ausschließlich ´Soziale Probleme´ und ´individuelle Problemlagen´ als solche zu bestimmen, nicht selten verbunden mit der Annahme, diese seien ´objektiv´ vorhanden, müssten lediglich als solche identifiziert und folgerichtig durch die Sozialarbeit/Sozialpädagogik bearbeitet werden." (Anhorn und Bettinger 2002, S. 11)

Des Weiteren weisen Anhorn und Bettinger auf die Gefahr hin, dass man davon ausgeht, dass soziale Probleme sich vermeintlich objektiv identifizieren lassen und somit nicht das Ergebnis von Interpretations-, Definitions- und Zuschreibungsprozessen sind. So ist für Anhorn und Bettinger das „eigentliche Dilemma für die Soziale Arbeit" (ebd. S. 11), dass die Soziale Arbeit selbst in der Regel nicht an den Bestimmungen ihres Gegenstandsbereichs beteiligt ist. Dies wird vielmehr anderen Bereichen überlassen (so zum Beispiel Medizin, Recht, Politik, Ökonomie etc.). Somit ist die Soziale Arbeit in dieser Konsequenz fremdbestimmt, steht unter zunehmendem Legitimationszwang und muss die ihr vorgegebene soziale Wirklichkeit bewältigen. (vgl. ebd. S.11). Helge Peters hat bereits 1973 festgestellt, dass die Aufgabe der Sozialen Arbeit darin besteht, die von der gewünschten Normalität abweichenden Verhaltensformen und Zuständigkeiten ihrer Handlungsadressaten*innen an die gewünschte Normalität anzupassen. Dabei werden wissenschaftliche Theorien, welche das Allgemeine eines Problems bzw. die allgemeinen Bedingungen eines strukturellen Problems gegenüber seiner Einzigartigkeit betonen, nicht herangezogen. Stattdessen findet die Fokussierung auf die bzw. den Einzelne*n statt und die Versuche, die strukturellen Hintergründe dieser Probleme herauszuarbeiten und somit die strukturellen Ursachen zu finden, gehen unter. (vgl. Peters 1973, S. 104 ff.)

Das Selbstverständnis der Kritischen Sozialen Arbeit ist es nicht, die vorgefundene Praxis Sozialer Arbeit besser zu machen oder zu optimieren, sondern stellt ein Unterfangen dar, welches die Kritik als einen Moment der Diskontinuität, also eine Durchbrechung der Kontinuität im Rahmen der Sozialen Arbeit, begreift. Dabei bemessen sich die Notwendigkeit und der Nutzen einer kritischen Sozialen Arbeit als Wissenschaft, nicht in erster Linie an ihrem konstruktiven und produktiven Beitrag zu einer besseren Praxis. (vgl. Anhorn / Bettinger / Horlacher / Rathgeb 2012, S. 7)

> „Die Funktion der ´Unterbrechung´ einer gegebenen Praxis Sozialer Arbeit durch kritische Reflexion ist insofern ´negativ´ bestimmt, als sie auf eine grundsätzliche Problematisierung von Macht- und Herrschaftsverhältnissen gerichtet ist, d.h. auf gesellschaftlich erzeugte Unterdrückungs-, Ausbeutungs- und Ausschließungsverhältnisse, auf ungerechtfertigte Beschränkungen kollektiver und individueller Selbstbestimmungsmöglichkeiten, auf

Mechanismen der Disziplinierung und Normalisierung etc." (ebd.)

Die kritische Soziale Arbeit als Wissenschaft versagt sich dabei der Forderung nach dem unmittelbaren Praktischwerden und der direkten konkreten Umsetzung in der Praxis, da dies dem theoriegeleiteten Anliegen der Kritik nicht entspricht. (vgl. ebd. S. 7f.) Ziel ist eine kritisch-reflexive Analyse der theoretischen Grundannahmen der praktischen Sozialen Arbeit sowie des Begriffsinventars und deren praktischen Implikationen. (vgl. ebd.)

Die gesamtgesellschaftlichen Entwicklungen mit den vielseitigen negativen Auswirkungen für die Soziale Arbeit insgesamt, doch insbesondere für die Adressat*innen der Sozialen Arbeit, verdeutlichen das Bedürfnis einer alternativen kritischen Sozialen Arbeit. Damit sind insbesondere die Entwicklungen der Globalisierung und des Neoliberalismus sowie die zunehmende soziale Ungleichheit mitsamt der Zunahme von Arbeitslosigkeit und Armut gemeint. Dazu braucht es Perspektiven Kritischer Sozialer Arbeit. Beim „Arbeitskreis Kritischer Soziale Arbeit" wird dies auf der Internetseite ausführlich von Prof. Dr. Frank Bettinger dargestellt. (vgl. Bettinger 2020, Quelle Online[17]) Diese Kritische Soziale Arbeit lässt sich ihren Objektbereich und ihre Funktionen und Aufgaben nicht von außen vorgeben, sondern benennt diese eigenständig. Nur so kann in der Ausgestaltung der sozialpädagogischen und sozialar-

---

[17] www.kritischesozialearbeit.de

beiterischen Praxis auch wirklich darauf bezogen werden. Sie klärt mit einer kritisch-reflektierten Grundhaltung über strukturelle Zusammenhänge und Folgen von bspw. sozialer Ungleichheit und von Prozessen der Ausschließung und Ausgrenzung auf. Dabei werden das eigene Selbstverständnis und die angetragenen Erwartungen von Politik und Gesellschaft einbezogen. Zugleich macht die kritische Soziale Arbeit die Verfestigung und Legitimation von sozialer Ungleichheit deutlich und deckt damit ebenso gesellschaftliche Interessenskonflikte und Machtunterschiede auf. Weiterhin werden Macht- und Herrschaftsstrukturen analysiert und kritisiert. In diesem Sinne distanziert sie sich von den Zumutungen ordnungspolitischer Problemlösungen und widersetzt sich somit der Einbeziehung in die Bearbeitung von „Devianz" und „Kriminalität" als Kategorien abweichenden Verhaltens. (vgl. ebd.)

Die kritische Soziale Arbeit versucht sich zu begründen über die Thematisierung und politisierende Bearbeitung sozialer Ungleichheit, Unterdrückung, Diskriminierung, sozialer Ausschließung und Ausgrenzung. Dabei erkennt und analysiert sie die stattfindenden Diskurse als herrschaftslegitimierende Techniken der Produktion von Wirklichkeit und somit von gesellschaftlichen Ordnungen. Die Kritische Soziale Arbeit orientiert sich an den Prinzipien der Aufklärung und Emanzipation. Dabei versucht die kritische Soziale Arbeit die Bildungsprozesse in Richtung einer selbstbewussteren, selbstbestimmteren und autonomeren Lebenspraxis der Adressat*innen zu ermöglichen.

Ebenso unterzieht die kritische Soziale Arbeit ihre Theorie und Praxis immer wieder der Reflexion und Kritik. Dies gilt ebenso für die Kriterien, welcher der Reflexion und der Kritik zugrunde liegen.

Mit diesem Verständnis einer kritischen Sozialen Arbeit wird es möglich, gesellschaftliche Widersprüche aufzudecken und zu skandalisieren. Gleichzeitig ermöglicht es eine Reflexion und Kritik sozialpädagogischer Praxen und deren Bedingungen. Ziel bleibt es, die Gestaltung bzw. die Ermöglichung der Gestaltung des Sozialen nicht bestimmten Interessengruppen und Entscheidungsträgern zu überlassen, sondern an den Wünschen, Bedürfnissen und Interessen der Subjekte bzw. der Adressat*innen auszurichten. (vgl. Bettinger 2020, Quelle Online)[18]

---

[18] ebd.

3.3 Doing Social Problems

Definitionen von sozialen Problemen[19]

Das weit verbreitete Selbstverständnis von Organisationen der Sozialen Arbeit besteht darin, dass es ihre Aufgabe ist soziale Probleme in dieser Gesellschaft zu bearbeiten. Dies sind in der Regel (vermeintliche) soziale Probleme, für welche sich die Soziale Arbeit zuvor als zuständig deklariert hat.

Bei den am meisten verbreiteten Definitionen von sozialen Problemen lassen sich drei Aspekte bzw. Ebenen zur Bestimmung sozialer Probleme ausmachen:

1. Soziale Probleme beziehen sich auf bestimmte konkrete soziale Bedingungen, Strukturen oder Situationen, welche wiederum als Störung, Widerspruch oder Funktionsproblem der Gesellschaft analysiert werden können.

2. Soziale Probleme werden als solche wahrgenommen, benannt und sozial konstruiert.

3. Die Bestimmung sozialer Probleme beinhaltet die Möglichkeit und die Notwendigkeit von Veränderungen der jeweiligen Situationen sowie die Ent-

---

[19] Die nachfolgenden beiden Kapitel finden sich ebenfalls in meinem Buch „Der konstruierte Flüchtling. Eine Analyse zur Konstruktion des Flüchtlingsproblems in Europa." (2019)

wicklung von Gegenmaßnahmen und politischem Geschehen. (vgl. Groenemeyer 1999, S. 15)

Bei den Fragen der Definition von sozialen Problemen zeigt sich, dass mächtige Akteure, individueller oder auch kollektiver Art, ihren Wertvorstellungen und Interessen Gehör verschaffen können. Dabei ist Macht als Kontrolle über die zentralen Ressourcen einer Gesellschaft zu verstehen (vgl. Harbach 2008, S. 53).

> „Je mächtiger ein Individuum (oder eine Koalition von Individuen) ist, desto erfolgreicher wird es (sie) sein, soziale Probleme so zu definieren, dass die etwaige Lösung des Problems zum eigenen Vorteil gereicht und die Schuld am Entstehen des unerwünschten Sachverhalts nicht bei den Definierern selbst zu suchen ist, sondern zum Teil mindestens bei den Betroffenen/Opfern selbst. Die häufig in den Definitionen eingeschlossenen Lösungsvorschläge vermeiden meist die Thematisierung struktureller Änderungen, die einen eigenen Machtverlust bedeuten würden." (Harbach 2008, S. 53)

Weiterhin lässt sich sagen, dass soziale Probleme im Kontext gesellschaftstheoretischer Perspektiven nicht nur deutliche Indikatoren für gesellschaftliche Fehlentwicklungen und Krisen waren bzw. sind, sondern auch die zentralen

Funktionsprinzipien gesellschaftlicher Beziehungen und Strukturen offenbaren (vgl. Groenemeyer 1999, S. 13).

Harbach konkretisiert soziale Probleme anhand von vier Merkmalen:

1. Soziale Probleme sind natürliche und kulturelle Sachverhalte

    „Ob es sich bei deinem sozialen Problem um ein Unglück oder um eine Ungerechtigkeit handelt, hängt demnach von dem jeweiligen Wissensstand in einer Gesellschaft ab. [...] Ein Unterschied könnte z.B. der sein: Ungerechtigkeit ist sinnstiftend, Unglück aber nicht; deshalb versuchen Definierer von sozialen Problemen (wenn sie bestimmte legitime Interessen wahrnehmen) in manchen Fällen eine Ungerechtigkeit als Unglück erscheinen zu lassen." (Harbach 2008, S. 52)

2. Soziale Probleme werden von mächtigen Einzelpersonen, Gruppen oder Organisationen als solche definiert:

    „Die Definition von sozialen Problemen hat mit anderen sozialen Handlungen gemeinsam, dass mächtige Akteure (individueller oder kollektiver Art) ihren Wertvorstellungen und Interessen eher Gehör verschaffen können als dies für weniger mächtige der Fall ist. Macht soll hier verstanden werden als Kontrolle über die zentralen Ressourcen einer Gesellschaft (die Mittel der Kommunikation eingeschlossen). Je mächtiger ein Individuum (oder eine Koalition von Individuen) ist, desto erfolgreicher wird es (sie) sein, soziale Probleme so zu definieren, dass die etwaige Lösung des Problems zum eigenen Vorteil gereicht und die Schuld am Entstehen des unerwünschten Sachverhalts nicht bei den Definierern selbst zu suchen ist, sondern zum Teil mindestens bei den Betroffenen/Opfern selbst. Die häufig in den Definitionen eingeschlossenen Lösungsvorschläge vermeiden meist die Thematisierung struktureller Änderungen, die einen eigenen Machtverlust bedeuten würden." (Harbach 2008, S. 53)

Harbach führt weiter aus, dass für die Konstruktion eines sozialen Problems wichtig ist, ob und inwieweit es gelingt, private Probleme (private troubles) in öffentliche Belange (public issues) zu transformieren. Dies ist insbesondere wichtig für die Motivation der Teilnahme an sozialen Bewegungen. Stehen in diesem Sinne rigide Werthaltungen und dogmatische moralische Überzeugen (v.a. religiösen

Ursprungs) einer solchen Umdefinition entgegen bzw. fehlen die entsprechenden Deutungsmuster für den Sachverhalt, so behindert dies die Karriere des Problems. Die einzelnen Etappen kann man so zusammenfassen kann: Aufmerksamkeit – Ausbildung einer Politik – Reform (vgl. Harbach 2008, S. 55)

3. Soziale Probleme sind unerwünschte Sachverhalte

„Soziale Probleme enthalten immer auch ein Moment der Enttäuschung von Erwartungen, der Frustration, der relativen Deprivation in Form negativer Sanktionen. Im direkten Vergleich mit anderen Personen (oder indirekt mit Bezugsgruppen) werden – zunächst auf der Basis von Alltagswissen – bestimmte Sachverhalte als unangemessen und unerwünscht bezeichnet. [...] Ein soziales Problem entsteht so (fast wie von selbst), wenn subjektive Betroffenheit (private troubles) zu öffentlichen Belangen (public issues) transformiert und aggregiert werden. Diese können dann unter günstigen Bedingungen zu claims-making-activities werden (z.B. in Form von Beschwerden, Protesten und (sozial)politischen Forderungen)." (Harbach 2008, S. 59)

Des Weiteren beziehen sich viele dieser problematischen, unerwünschten Sachverhalte auf irgendwelche Ungleichheiten, welche von den kollektiven Definierern negativ ausgezeichnet werden, z.B. als ungerecht. Dabei bezieht sich diese Definitionsmacht nicht nur auf die Durchsetzungsfähigkeit bei öffentlichen politischen Auseinandersetzungen, sondern auch auf subtilere Diskursstrategien, durch welche bestimmte Weltsicht als richtig, legitim – oder eben auch als gerecht vermittelt werden (vgl. Harbach 2008, S. 59).

4. Soziale Probleme sind änderbare Sachverhalte

„In der Soziologie sozialer Probleme wird ein unerwünschter Sachverhalt erst zu einem Problem, wenn die kollektiven Definierer glauben, dass der entsprechende natürliche und kulturelle Tatbestand änderbar ist, meist in der Erwartung eines eigenen Nutzens. Hungersnöte, Überschwemmungen, Krieg und Völkermord sind demnach keine ´sozialen´ Probleme, wenn sie als naturgegeben, gottgewollt oder schicksalshaft, eben als unvermeidlich und nicht änderbar angesehen werden [...]." (Harbach 2008, S. 64)

Weiterhin schaffen soziale Differenzierungsprozesse nicht nur neue soziale Rollen und neue soziale Institutionen, sondern sie erzeugen auch Ungleichgewichte zwischen den überkommenen Machtgruppen der Gesellschaft, welche nicht selten hierdurch einen Legitimationsverlust ihres sozialen Status´ erleiden. Für gewisse TheoretikerInnen der Soziologie bilden genau diese Machtkonflikte von den wichtigen gesellschaftlichen Gruppen einen theoretisch fruchtbaren Zugang zum Verständnis der sozialen Wandlungsprozesse und den mit ihnen verbundenen sozialen Problemen (vgl. Harbach 2008, S. 67).

Doing Social Problems – Doing Social Control

In der heutigen modernen Gesellschaft, insbesondere in Europa, haben sich verschiedene soziale Systeme, Organisationen und Institutionen herausgebildet und ausdifferenziert, welche wiederum auf die Bearbeitung sozialer Probleme spezialisiert sind. Hierzu zählen u. a. Soziale Arbeit, Polizei, Justiz, Strafvollzug, Organisationen des Gesundheitssystems sowie der Psychiatrie. Aber es zählen hierzu ebenfalls auch die Institutionen des sozialen Sicherungssystems, der Kommunalverwaltung, welche für die Planung und Durchführung von Integrationsmaßnahmen zuständig sind. Diese Institutionen bzw. Organisationen sind mit spezifischen Ressourcen, Rechten, politischen Aufträgen oder Programmen ausgestattet. Weiterhin haben sie ganz spezifische Formen und Techniken der Problembearbeitung ausgebildet und entwickelt. Dabei funktionieren sie auf der Grundlage jeweils unterschiedlicher Logiken und

haben dazu jeweils spezielle und spezifische Wissensbe-
stände, Techniken sowie professionelle Orientierungen
erarbeitet, welche sie deutlich voneinander zu unterschei-
den scheinen.

Groenemeyer zur Konstruktion von „sozialen Problem-gruppen"

Jede moderne Gesellschaft, und in diesem Sinne auch die
Europäische Union als europäische Gesellschaft, hat verschiedene soziale Systeme, Institutionen und Organisationen geschaffen und ausdifferenziert. Diese sind auf die
Bearbeitung von sozialen Problemen spezialisiert. Hierzu
zählen u.a. Soziale Arbeit, Polizei, Grenzschutz, Justiz,
Organisationen des Gesundheitssystems, der Psychiatrie,
Institutionen des sozialen Sicherungssystems, Kommunalverwaltung etc. Diese Organisationen und Institutionen
sind mit bestimmten Rechten, Ressourcen und politischen
Aufträgen oder Programmen ausgestattet. Ebenso haben
sie ihre ganz spezifischen Formen und Techniken der Problembearbeitung entwickelt, welche sie scheinbar voneinander abgrenzen (vgl. Groenemeyer 1999, S. 13).

Allen diesen Organisationen und Institutionen ist gemein,
dass sie einen Bezug zu sozialen Problemen haben und
somit sind sie das Ergebnis oder die Konsequenz erfolgrei-
cher öffentlicher und politischer Problematisierungen.
Damit wird vorausgesetzt, dass es eine bestimmte gesell-

schaftlich und politisch akzeptierte Definition von Kategorien sozialer Probleme gibt, welche den Institutionen wiederum den Organisationszweck und ebenso einen allgemeinen Rahmen für die durchzuführenden Maßnahmen und Handlungsformen vorgeben (vgl. ebd.).

In der Folge ergibt sich, dass solange es keine bearbeitende Stelle für ein vermeintliches Problem gibt, diese vage, unspezifisch, umstritten und nicht wirklich existent ist. Die Organisationen und Institutionen, welche die Probleme bearbeiten (im Sinne des sog. „Doing Social Problems"), schaffen einen Rahmen für Erwartungen und Interpretationen von Betroffenheit (vgl. ebd.).

> „Wenn es eine Suchtberatungsstelle gibt, dann gibt es auch Sucht und damit die Möglichkeit, eigene und fremde Verhaltensweisen als Sucht zu interpretieren. Mit ihrer Etablierung werden diese Organisationen zur offiziellen Adresse für die Betroffenen oder potentiell Betroffenen von sozialen Problemen, die damit immer auch bestimmte Bilder von Maßnahmen und Reaktionsweisen verbinden." (Groenemeyer 1999, S. 14)

Weiter sagt Groenemeyer:

> „Die Aufnahme von Problemkategorien in Diagnosemanuals, in Strafgesetzbücher oder in die

Entwicklung von Hilfsangeboten und Maßnahmen dokumentiert dann nicht nur Zuständigkeiten, sondern ermöglicht sowohl den professionellen Problemarbeitern und –arbeiterinnen als auch (potenziell) Betroffenen einen abgesicherten Sinn- und Interpretationsrahmen für möglicherweise bereits vorher eher diffus als problematisch wahrgenommene Zustände und Verhaltensweisen und selbst für Situationen, die vorher vielleicht als eher unproblematisch angesehen oder als selbstverständlich interpretiert worden sind." (Groenemeyer 1999, S. 14)

Ebenso ist den Institutionen der Bearbeitung und Kontrolle sozialer Probleme gemeinsam, dass sie von ihrem Charakter her als öffentliche und personenbezogene Dienstleistungsorganisationen fungieren und agieren. Die Organisationen sind mit einem öffentlichen oder politischen Auftrag ausgestattet und organisieren Interaktionsprozesse zwischen den KlientInnen und öffentlichen Diensten, halten Hilfen und Beratung bereit, führen Kontrolle durch, verteilen Ressourcen und Status, sowie wenden Techniken der Veränderung von Personen an. Dabei ist ihr zentrales Merkmal die Face-to-Face Interaktion in der konkreten Problembearbeitung (vgl. Groenemeyer 1999, S. 14).

Zusammenfassend lässt sich sagen, dass die Organisationen und Institutionen der Problembearbeitung erfolgreich etablierte und allgemeine Kategorien von sozialen Problemen verkörpern, welche durch spezifisch geschultes Personal dann auf konkrete Situationen und Personen angewendet werden. Damit sind aus abstrakten Kategorien, bspw. Flucht, Kriminalität, Krankheit, Sozialisationsdefizite oder Hilfsbedürftigkeit, Fälle geworden. Im Rahmen von institutionellen Vorgaben und Handlungslogiken müssen diese nun entsprechend bearbeitet werden. Unter Umständen müssen die Fälle auch an andere Stellen verwiesen werden, welche dann zur Problembearbeitung besser geeignet sind. Mit diesem Verfahren werden also abstrakte Kategorien sozialer Probleme zur konkreten Betroffenheit umgewandelt (vgl. ebd. S. 14f.).

Damit dies jedoch geschehen kann, müssen einige Voraussetzungen erfüllt sein. Als erstes müssen die Problemkategorien gesellschaftlich als relevant und allgemein akzeptiert bzw. über politisch-administrative Entscheidungen als bearbeitungswürdig und bearbeitbar definiert werden, da es nur dann zu einer Institutionalisierung kommen kann. Zusätzlich entwickeln die Organisationen und Institutionen ein Eigenleben in Bezug auf die Interpretation und Bearbeitung von Problemkategorien. In den Interaktionsprozessen zwischen den Professionellen und den Betroffenen kommen ein spezifisches Wissen, bestimmte Orientierungen und ausgewählte Techniken zum Einsatz. Doch in diesem Aushandlungsprozess ist das Machtverhältnis ungleich verteilt. In diesem Prozess sind die Betroffenen aktiv beteiligt, da sie ihre Symptome, Defizite oder Belastungen äußern müssen bzw. sogar aktiv eine Inanspruchnahme initiieren (vgl. ebd. S. 15).

Dabei sind es nun diese Prozesse der künstlichen Konstruktion sozialer Probleme im Alltag der organisatorischen bzw. institutionellen Kontexte der Problembearbeitung und der jeweiligen Konsequenzen, was nun als „Doing Social Problems" (Groenemeyer 1999, S. 15) beschrieben und analysiert werden kann. Dieser Ansatz ist eingebunden in die Soziologie der Konstruktion sozialer Probleme, welche u.a. durch die Arbeiten von Spector und Kitsue (1973 & 1977) angestoßen wurde (vgl. ebd.).

Holstein und Miller prägten zusätzlich den Begriff „Social Problems Work" (Groenemeyer 1999, S. 16).

> „Doing Social Problems oder Social Problems Work bezieht sich nun nicht nur auf interne Strukturen und Regeln des Hervorbringens von Problemkategorien, sondern erhebt explizit den Anspruch, institutionelle und organisatorische Kontexte bei der Analyse zu berücksichtigen [...]."
> (Groenemeyer 1999, S. 16)

Die lokale Konstruktion sozialer Probleme findet nicht beliebig oder gar willkürlich statt. Sie ist immer eingebunden in den institutionellen Kontext einer Organisation. Aus diesem Grund wird auch von einer Karriere sozialer Probleme, also einem stufenförmigen Prozess, ausgegangen. In diesem Prozess wird sowohl die Entstehung öffentlicher und politischer „Issues" (ebd.) und ihrer Verarbeitung innerhalb des politischen Systems als auch ebenso die konkrete und häufig professionelle Bearbeitung von Problemfällen in Organisationen als die zentralen Phasen des Problematisierungsprozesses beschrieben (vgl. ebd. S. 17).

Definitionen von sozialen Problemen

Soziale Probleme können allgemein bestimmt werden als die Feststellungen oder Interpretation einer Diskrepanz zwischen den Vorstellungen eines gewünschten Zustands und der Interpretation der tatsächlichen Situation. Damit wird deutlich, dass soziale Probleme immer an bestimmte gesellschaftlich akzeptierte Wertideen gebunden sind. Diese sind wiederum leitend für den Vergleich zwischen den angestrebten und tatsächlich interpretierten Zuständen. Weiterhin müssen diese Wertideen argumentativ vorgebracht und darüber mobilisiert werden, damit sich Forderungen nach Veränderungen begründen lassen (vgl. Groenemeyer 1999, S. 24).

Dem folgend müssen die Deutungen von Phänomenen als problematisch, mit ihren Eigenschaften und Kategorisierungen, gesellschaftlich anschlussfähig sein, also als relevant erachtet und akzeptiert werden. Damit können dann bestimmte Ideen und Maßnahmen der Veränderung legitimiert werden. Mit Anschlussfähigkeit ist gemeint, dass die Problemkategorien und ihre Erklärungen kompatibel sein müssen mit den Definitionen, Ideologien und Bewertungen, welche für das jeweilige Feld kulturell bestimmend sind (vgl. ebd. S. 25).

Doing Social Problems

Die Perspektive des Doing Social Problems enthält ein zeitdiagnostisches und gesellschaftskritisches Potenzial, wenn sich die Analyse nicht auf die Interaktionslogiken der Aushandlungsprozesse beschränkt und stattdessen auch die deren Einbettung in gesellschaftliche und politische Diskurse einbezieht. Damit können Bedingungen und Prozesse der Entstehung und Entwicklung gesellschaftlicher sowie politischer Diskurse zurückverfolgt und im alltäglichen Routinehandeln erklärt werden. Mithilfe des Doing Social Problems ist es möglich, Prozesse der Kategorisierung und der Bearbeitung sozialer Probleme in einer vergleichenden Perspektive unter einem gemeinsamen konzeptionellen Dach zu analysieren (vgl. Groenemeyer 1999, S. 52).

> „Doing Social Problems ist die Anwendung von Regeln, Techniken und Wissen auf individuelle Problemlagen und Problemsituationen. Grundlagen hierfür ist ein Prozess der Kategorisierung

und ihre Begründung im Rahmen von legitimierten Wissensbeständen, die für die Institutionen der Problembearbeitung typisch sind." (Groenemeyer 1999, S. 17)

Grundlage für diesen Aushandlungsprozess, und damit routiniert angewendetes Wissen, sind Gesetzestexte, Vorschriften, Diagnosehandbücher, Programme oder auch Risikochecklisten. Durch die Institutionalisierung von Kategorien sozialer Probleme in den Organisationen und durch die Maßnahmen zur Problembearbeitung sowie die Anwendung im Rahmen des Doing Social Problems, erhalten die Problemkategorien eine eigene Wirklichkeit und somit entstehen reale Folgen für die Betroffenen. Damit ist das Doing Social Problems auch immer eine Moralarbeit im Sinne der „moral Work" (Groenemeyer 1999, S. 18).

„Die Institutionen der Problembearbeitung verkörpern damit jeweils bestimmte gesellschaftlich bzw. politisch positiv bewertete Ziele und Wertideen, und die Kategorisierung von Personen beinhaltet eine moralische Bewertung, die Grundlage und Bezugspunkt für das Selbstbild der Betroffenen ist. Darüber hinaus ist Problemarbeit immer auch die selektive Verteilung von Ressourcen und die Zuteilung von Statuspositionen in routinierter und scheinbar technisch neutraler Form." (Groenemeyer 1999, S. 18)

Damit kann Doing Social Problems auch als eine Form von institutioneller Diskriminierung analysiert und erfasst werden. (vgl. ebd.)

Problematisierung sozialer Probleme

Es ist keinesfalls unstrittig, dass bestimmte gesellschaftliche Bedingungen, z. B. Flüchtlinge in Europa oder individuelle Verhaltensweisen, problematisch sind. Dabei zeigt sich, dass sie sich erst dann als relevant herausstellen, wenn sie öffentlich als problematisch thematisiert werden. Dabei haben diese sozialen Probleme gemeinsam, dass sie von der Gesellschaft als problematisch und veränderbar interpretiert und somit zum Gegenstand von öffentlichen und politischen Debatten werden (vgl. Groenemeyer 1999, S. 18).

Die öffentliche Debatte um soziale Probleme ist in ihrem Verlauf keinesfalls festgeschrieben, sondern kann sich verändern und entwickeln. Konflikte, welche früher als problematisch galten (Homosexualität, Zusammenleben vor der Ehe etc.), sind heute teilweise entschärft und weniger problematisch. Die sozialen Probleme stellen also offensichtlich gesellschaftliche Konstruktionen dar. Damit hat die Soziologie sozialer Probleme die Frage zu klären und zu bearbeiten, „wie und unter welchen Bedingungen bestimmte Sachverhalte, Konditionen oder Verhaltensweisen in der Gesellschaft problematisiert, d. h. zu sozialen Problemen gemacht worden sind und gemacht werden." (Groenemeyer 1999, S. 18)

In dem konstruktivistischen Programm der Analyse sozialer Probleme (Spector und Kitsue 1973 & 1977), geht es in erster Linie um die „Analyse von Aktivitäten, Strategien und Prozesse, über die individuelle, kollektive oder kooperative Akteure es schaffen, gesellschaftliche Bedingungen oder Verhaltensweisen öffentlich als problematisch zu konstruieren und bestimmte Charakterisierungen des Problems zu verbreiten. Soziale Probleme werden demnach nicht als evident problematische Bedingungen oder Verhaltensweisen aufgefasst, die einen Schaden verursachen oder gegen Moral und Normen verstoßen, sondern als (rhetorische) Strategien der öffentlichen Erhebung von Ansprüchen (Claimsmaking-Activities)." (Groenemeyer 1999, S. 18f.)

Die Prozesse und die Ebenen in der Problematisierung sozialer Probleme

Die Problematisierung sozialer Probleme folgt einem typischen Muster, welches als Stufen- oder Karriereprozess verstanden werden kann. Diesem Muster folgend, werden zunächst in der Gesellschaft bestimmte Issues (Anliegen) formuliert, welche dann als Forderungen an das politische

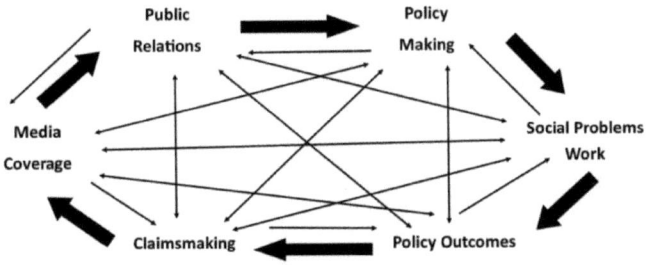

vgl. Groenemeyer 1999, S. 21, eigene Darstellung

System adressiert und kommuniziert werden. Das politische System nimmt dies als Input auf, welcher nun wieder im politischen Prozess bearbeitet werden müssen. Als Output werden Programme und Maßnahmen umgesetzt, welche dann wiederum im Sinne einer Rückkopplungsschleife auf die Gesellschaft zurückwirken. Die Initiierung und Etablierung von Problemkategorien im öffentlichen Raum ist markiert durch die Phasen „Claimaking", „Media Coverage" und „Public Relations". Für die Prozesse der Konstruktion sozialer Problemkategorien im politischen Raum steht hingegen „Policy Making". Die Kategorie „Social Problems Work" bezieht sich auf die institutionalisierte und organisierte Problembearbeitung. (vgl. ebd. S. 20)

Durch dieses Modell (siehe Schaubild) zeigt sich, dass die Konstruktion sozialer Probleme durch kollektive Akteure und immer auch durch spezifische institutionelle Kontexte strukturiert oder gerahmt wird (vgl. ebd. S. 21). Dabei wird ein Kreislauf bzw. eine sog. „Karriere eines sozialen Problems" deutlich und die einzelnen Elemente sind allesamt miteinander untrennbar verbunden. Der gegenseitige Einfluss verstärkt dabei noch die Wirkung und fördert die Karrieren der sozialen Probleme.

Die Öffentlichkeit und das politische System stellen Ressourcen, allgemeine Orientierung und Programmatiken bereit oder beschränkt wiederum diese (vgl. ebd.).

Claimsmaking	Öffentlicher Diskurs	Policy Making	Social Problems Work
• Soziale Bewegungen	• Diskursstrategien	• Einfluss	• Profession
• Professionelle	• Deutungsmuster	• Organisationslogik	• Organisationslogik
• Moralunternehmer	• Mobilisierung	• pol. Gelegenheiten	• Interaktion
• Verbände	• Medienwirkung	• Wahlen	• Fallkonstruktion
• Interessengruppen	• Medicalization	• Implementation	• Diagnosen
• Betroffene	• Punitivität	• Governance	• Problemzuschreibung
• Massenmedien	• Public Attention	• Politics/Policy	• Stigmatisierung
• Wissenschaft	• Agenda Setting	• Deutungsmuster	• Prävention
		• pol. Agenda-Setting	• Intervention

vgl. Groenemeyer 1999, S. 22, eigene Darstellung

Gesellschaftliche und politische Formierung von Diskursen

Wie bereits gezeigt wurde, sind soziale Probleme nicht einfach Situationen, Bedingungen oder Verhaltensweisen, welche im Laufe der Entwicklung von Gesellschaften entstehen oder gar einen Schaden oder eine Störung für die Gesellschaft darstellen (vgl. ebd.).

> „Vielmehr haben Problemkategorien immer eine Geschichte der Problematisierung, d. h. eine Geschichte von Claimsmaking-Activities durch gesellschaftliche oder politische Akteure und sind in diesem Sinne soziale konstruiert." (Groenemeyer 1999, S. 23)

Des Weiteren werden soziale Probleme erst über ihre erfolgreiche Etablierung in öffentlichen und politischen Diskursen als sinnvoll und relevant erachtet und betrachtet. Damit konstituieren sie eine eigene Wirklichkeit und haben Konsequenzen für die Betroffenen und die BeobachterInnen. Die sozialen Probleme geben den Lebensbedingungen, den Situationen sowie dem eigenen Handeln und Leiden einen Sinn und einen Bedeutungsrahmen (vgl. ebd. S. 23f.).

> „Die besondere Bedeutung öffentlicher und politischer Diskurse über soziale Probleme besteht genau darin, dass sie Problemerfahrungen strukturieren und ein kollektives Wissen bereitstellen, anhand dessen Menschen im Alltag und in Organisationen der Problemberarbeitung ihr eigenes Denken, Fühlen und Handeln interpretieren und sie in Auseinandersetzung damit ihr Handeln ausrichten." (Groenemeyer 1999, S. 24)

Soziale Probleme haben ihren Ausgangspunkt bei der Herstellung von Öffentlichkeit und über die Mobilisierung von

Anhängerschaften, Überzeugungen oder zumindest Akzeptanz für bestimmte Ansprüche und Problemdeutungen in der Öffentlichkeit und der Politik (vgl. ebd.).

Die aktive Problematisierung

Bei der aktiven Problematisierung ist es nicht wichtig, ob oder inwieweit die Argumente einer strikten Logik folgen oder auf strenger wissenschaftlicher Basis beruhen. Entscheidend ist, dass sie mobilisieren und überzeugen. Aus diesem Grund spielen bei den Claimsmaking-Activities auch emotionale und affektive Aspekte eine zentrale und wichtige Rolle. Ziel ist es, dass die Problematisierungen unkompliziert, verständlich und ansprechend sind, sodass sie eine dramatische Gestalt aufweisen und über moralisierende Geschichten von Einzelschicksalen präsentiert werden können. Ebenso schaffen die Identifikationsmöglichkeiten über die Konstruktion unschuldiger Opfer, welche dann wiederum Sympathie und Empathie erzeugen. Andererseits können sie auch Abgrenzungsmöglichkeiten durch die Konstruktion von extremer oder enthumanisierter Schuldiger schaffen, sodass für die Veränderung und mehr Kontrolle mobilisiert werden soll (vgl. ebd.).

„Die Konstruktion des Ausmaßes von Sympathie und Antipathie sowohl mit Problemverursachern als auch mit Problemopfern bestimmt entscheidend mit, welche Form der Problematisierung sich durchsetzt und welcher Typus von Organisationen der Problembearbeitung institutionalisiert wird." (Groenemeyer 1999, S. 26)

Die Rolle der Massenmedien

Innerhalb des Prozesses der Mobilisierung öffentlicher Diskurse haben die Massenmedien eine entscheidende Rolle. Massenmedien sind nicht nur Vermittler von Themen, sondern treten unter Umständen auch als eigene Akteure auf. In jedem Fall sind sie für die Akteure in der Bearbeitung der sozialen Probleme (Claimsmaker) und auch für die Politik einer der zentralen AnsprechpatrnerInnen. In der Auswahl und der Art der Aufbereitung von Themen und Problematisierungen haben die Massenmedien eigene Kategorien und Kriterien, welche dann zum Einsatz kommen. Dabei müssen sich die öffentlichen Problemdiskurse stests auf einem Markt der Problematisierungen behaupten und etablieren. Das heißt, dass sie einen fragilen und wechselhaften Charakter haben, da sie dem Problem einer schwankenden und begrenzten Öffentlichkeit gegenüberstehen (vgl. ebd. S. 28).

Es lässt sich weiterhin festhalten, dass soziale Probleme kulturelle Deutungsmuster darstellen, welche aus drei Dimensionen bestehen: (vgl. ebd. S. 29)

1. Identifizierung problematischer und zu verän-
   dernder Sachverhalte als überzeugende Definition
   und Begründung des problematischen Charakters
   (Diagnoserahmen).
2. Identifikation von Zuständigkeiten und Lösungs-
   möglichkeiten des Problems (Lösungsrahmen).
3. Moralische Bewertung, welche den Problemcha-
   rakter ausmacht und über Dringlichkeit und Ver-
   änderungsnotwendigkeiten kommuniziert werden muss (Mobilisierungsrahmens).

Institutionen der Problembearbeitung

Für die Institutionen im Aufgabenfeld der Problembearbeitung sind Diskurse und somit die hierüber etablierten
Problemkategorien von hoher Bedeutung, da sie die Institutionen mit Legitimation und Reputation für ihre Aufgaben versorgen. Dies ist relevant für die Ausstattung mit
Ressourcen und hat auch unmittelbaren Einfluss auf die
Inanspruchnahme der angebotenen Lösung des Problems.
Damit wird auch im Bereich der Sozialen Arbeit die Inanspruchnahme und die Problembeschreibung unmittelbar
durch das Klientel und durch die öffentlichen Diskurse
beeinflusst (vgl. ebd.).

„Die Problemkategorien öffentlicher Diskurse bilden somit einen wichtigen Bestandteil der institu-

tionalisierten Kultur der Problembearbeitungen im Alltag." (Groenemeyer 1999, S.29)

Zusammenfassend lässt sich festhalten, dass es stets einen Konflikt um die Definition von sozialen Problemen gibt. Innerhalb dieses Konfliktfeldes finden die Prozesse zur Konstruktion der sozialen Probleme statt. Weiterhin gibt es Konflikte um die richtigen Bearbeitungsformen dieser sozialen Probleme.

Anschließend an Gusfield lässt sich die Metapher des Eigentums für die sozialen Probleme verwenden. Er spricht von Eigentümern von sozialen Problemen, welche die Aufgabe haben, die Probleme dann auch zu bearbeiten (vgl. Groenemeyer 1999, S. 33).

In der Sozialen Arbeit zeigt sich, dass die Soziale Arbeit selber in der Regel nicht Eigentümer dieser Probleme ist. Stattdessen greift sie die Problemdefinitionen nur auf und rekonstruiert diese. Als Beispiel sind Kriminalität oder auch Probleme in der Familie zu nennen.

Zur Wirkungsweise des Doing Social Problems

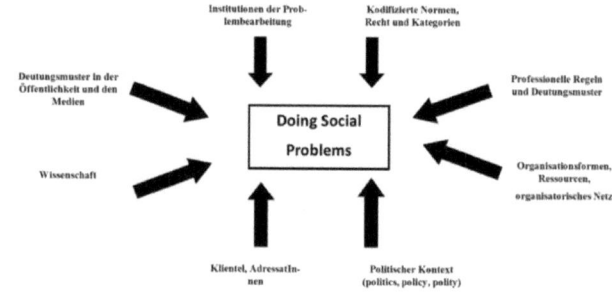

vgl. Groenemeyer 1999, S. 40, eigene Darstellung

1. Doing Social Work als Kategorisierungsarbeit

Eine zentrale Voraussetzung für die erfolgreiche Institutionalisierung sozialer Problemkategorien in der Öffentlichkeit und Politik ist eine prägnante Dramatisierung und die Konstruktion eines typischen Bildes sowie allgemeine Regeln der Betroffenheit. Die Professionellen sind hingegen in ihren Einrichtungen der Problembearbeitung mit individuellen Subjekten, einzigartigen und differenzierten Situationen und ebenso mit komplexen und ambivalenten Formen der Problembetroffenheit konfrontiert. Das Ziel dieser Problemarbeit ist es nun, in erster Linie die Menschen zu ändern, sei es in ihrem Status, ihren Ressourcen, ihren Kompetenzen, ihrer Motivation oder auch ihrer Orientierung. Dabei stellen die Problembetroffenen das sog. „Rohmaterial" (Groenemeyer 1999, S. 42) dar. Aus den normalen

Individuen werden in diesem Schritt dann KlientInnen, PatientInnen, Verdächtige, Angeklagte oder AntragsstellerInnen u. a. Damit sie nun abschließend zu Gegenständen der Problemarbeit gemacht werden können, müssen aus ihnen folgerichtig Fälle erstellt werden (vgl. Groenemeyer 1999, S. 42).

> „Grundsätzlich werden die Kategorien sozialer Probleme in Interaktionsprozessen aktiv reproduziert und die von diesen Interpretationen Betroffenen beteiligen sich aktiv daran, indem sie Symptome schildern, Rechtfertigungen vorbringen und entsprechende Informationen zum Fall liefern. [...] In diesem Sinne kann der Aushandlungsprozess von Diagnosen, Situationsdefinitionen und Kategorisierungen als ein Mechanismus der Reproduktion sozialer Ungleichheiten fungieren und zu impliziten Formen institutioneller Diskriminierung beitragen." (Groenemeyer 1999, S. 46)

2. Doing Social Problems als Moralarbeit

Doing Social Problems ist immer zugleich eine moralische Praxis. Dies bezieht sich insbesondere auf die Transformation von Individuen in sog. Klientel, da dies immer eine Veränderung des moralischen Status einer Person bedeutet. Dabei ist beispielsweise eine Diagnose immer eine bewertende Problemzuschreibung an die betroffene Person. Da die Institutionen Macht bei der Zuweisung von Status, Ressourcen und Situationsdefinitionen haben, ist die moralische Arbeit auch immer eine wichtige Ressource in der Identitätsbildung betroffener Personen.

> „Bereits die Existenz der Institution und die mit ihr verbundene Lizenz, z. T. weitreichende Eingriffe in das Leben der Klientel vorzunehmen und Änderung ihrer Ausstattung mit Ressourcen und ihres Status vorzunehmen, beinhaltet das moralische Urteil, dass damit problematische Situationen und Personen bearbeitet werden sollen." (Groenemeyer 1999, S. 47)

Damit sind die Kategorisierungen und ihre moralische Bewertung elementarer Bestandteil des institutionalisierten Doing Social Problems. Des Weiteren wird die Unsichtbarkeit der moralischen Dimension der Problemarbeit durch den Rückgriff auf die institutionellen Technologien der Organisation gefördert und hinter den professionellen Fachsprachen und den formalisierten Diagnosesystemen, welche nur den Professionellen zugänglich sind, erscheinen wiederum die Entscheidungen für die Verteilungen von Ressourcen, die Definitionen von Behandlungsnotwendigkeiten und den Problemen sowie die Reaktions- und Behandlungsform und ihr Verlauf als eine vermeintlich rein technische Angelegenheit (vgl. ebd. S. 47).

Ebenso lässt sich sagen, dass die Bedeutungen kultureller Zuschreibungen, Normen, Werte und Symbole für den Prozess der Kategorisierung, also sein Charakter als soziale Konstruktion in einem institutionellen Kontext, hinter den unreflektierten Routinen der praktischen Sozialen Arbeit verschwinden (vgl. ebd.).

3. Doing Social Problems als Emotionsarbeit

Sowohl die moralische Dimension der Kategorisierung als auch die besondere Bedeutung zwischen KlientInnen und Professionellen verweisen auf die Emotionen im Prozess des Doing Social Problems (vgl. ebd. S. 48).

In einigen Organisationen gehört Beziehungsarbeit zu den Techniken der Problemarbeit, z. B. in der Beratung, Erziehung oder Therapie. In diesen Situationen ist der mehr oder weniger strategische Einsatz von Emotionen für den Aufbau und die Aufrechterhaltung der Beziehung notwendig. Andere Institutionen der Problemarbeit zeichnen sich hingegen bewusst durch die Kontrolle der Emotionen aus, da es hier als Ausdruck von Professionalität verstanden wird. Dies trifft insbesondere auf die Polizei, die Justiz und die Medizin zu. Hierbei wird die Kontrolle von Gefühlen bewusst als Symbol von Autorität und Macht eingesetzt, sodass eine bestimmte Wirkung bei der Klientel erreicht werden kann (vgl. ebd.).

> „Ein weiterer Aspekt der Bedeutung von Emotionen im Doing Social Problems ergibt sich aus der moralischen Dimension der Kategorisierungsprozesse. Die moralische Konstruktion von Verantwortlichkeiten und Schuld und die Zuschreibung von Attributen der ´guten´ und ´schlechten´ Klientel ist unmittelbar mit der Zuteilung von Sympathie und Antipathie verbunden." (Groenemeyer 1999, S. 49)

Dies hat zur Folge, dass Schuldige und Verantwortliche für die Schäden eine Verurteilung und Sanktionen verdienen, wohingegen die Opfer im Prinzip als unschuldig angesehen werden und Gefühle von Mitgefühl, Betroffenheit und Hilfsbereitschaft für diese hervorgerufen werden (vgl. ebd.).

<u>Zur Bedeutung des Doing Social Problems</u>

Die Kategorien von sozialen Problemen leiten Interaktionsprozesse in allen Bereichen des gesellschaftlichen Lebens und sind somit Gegenstand politischer Diskurse, mobilisieren soziale Bewegungen und finden ihren Ausdruck als Berichterstattungen in den Medien sowie als Themen in der

Unterhaltungsindustrie. Die Menschen greifen ganz selbstverständlich im Alltag auf diese Kategorien sozialer Probleme zurück, um beispielsweise andere Personen und deren Verhalten zu bezeichnen oder, um den eigenen Befindlichkeiten und Verhaltensweisen einen Sinn zu geben. Damit stellen sie eine allgemeine kulturelle und moralische Ressource dar, auf welche Interpretationen von Störungen und Abweichungen gerne zurückgreifen (vgl. ebd. S. 49f.).

Diese Kategorien sozialer Probleme sind mit der Zeit in ganz unterschiedlichem Ausmaß institutionalisiert, sodass diese heute als selbstverständlich und allgemein evident angesehen und umgesetzt werden. Damit werden die Betroffenen zu Fällen umgewandelt (vgl. ebd.).

> „Doing Social Problems oder Problemarbeit verweist darauf, dass es sich hierbei um ein aktives Herstellen handelt, das nach bestimmten, identifizierbaren Regeln funktioniert. Dabei geht es nicht um die Frage, ob diese oder jene Form der Kategorisierung und der Bearbeitung eines sozialen Problems angemessen ist oder zu seiner Lösung beiträgt, sondern zunächst nur um eine Rekonstruktion und Erklärung der Art und Weise, wie diese Institutionen in ihrem Inneren funktionieren und, warum sie so funktionieren, wie sie funktionieren." (Groenemeyer 1999, S. 50)

Insbesondere für die Betroffenen ist die Problemarbeit folgenreich, da die Organisationen der Problemarbeit in Verbindung mit den Kategorisierungen den Status von Personen verändern, erweitern oder auch reduzieren. Ressourcen und Chancen können ebenfalls erweitert oder reduziert werden und Handlungschancen bereitgestellt oder sanktioniert werden. Die Kategorisierung als Fall, KlientIn, Flüchtling etc. stellt eine besonders bedeutsame Ressource für die Identitätsbildung dar: entweder als Stigmatisierung bzw. Etikettierung oder als sicherheitsstiftende Möglichkeit dem eigenen Handeln und Leben einen Sinn zu geben. Dabei ist jede Kategorisierung auch immer ein Selektionsprozess, da bestimmte Typen von KlientInnen bevorzugt oder benachteiligt werden. Diese Prozesse sind eingebunden in die Logik der Organisationen und stellt somit institutionelle Diskriminierung dar (vgl. ebd. S. 51).

3.4 Symbolische Politik – bei Groenemeyer

Durch die aktive Mobilisierung für spezifische Problemdeutungen (z. B. im Rahmen von symbolischer Politik) können die Handlungsflexibilität sowie die Ressourcen des politischen Systems gesichert werden (vgl. Groenemeyer et. al. 2012, S. 121).

> „Soziale Probleme bieten so die Möglichkeit einer strategischen Nutzung durch die Institutionen des politischen Systems. In diesem Sinne ist der Staat keineswegs nur Adressat für gesellschaftliche Ansprüche und Problemlösungen, sondern die Institutionen des politischen Systems treten als aktive Produzenten der Problematisierung und spezifischer Problemdeutungen auf." (Groenemeyer et. al. 2012, S. 121f.)

Über die aktive Mobilisierung der Öffentlichkeit für bestimmte Themen ist es möglich, die Dringlichkeit der Bearbeitung eines sozialen Problems gezielt hervorzuheben und somit auch die eigene Kompetenz für politische Problembearbeitungen bzw. –lösungen zu verdeutlichen und in Folge dessen die eigene Legitimation zu schaffen. Dies ist u. a. ein zentrales Muster in Wahlkämpfen und bei der allgemeinen Erzeugung von Legitimation und Anerkennung für das Handeln von politischen Institutionen (vgl. Groenemeyer et. al. 2012, S. 122).

Dadurch, dass soziale Probleme aus der Sicht der Organisationen des politischen Systems gar nicht dazu gedacht sind, gelöst zu werden, eröffnet sich das Feld für verschiedene Formen von symbolischer Politik (Edelman). Politik ist dazu da, um Macht zu erstreben und möglichst zu erhalten und hat immer mit Macht, Herrschaft und Konflikten zu tun (vgl. Groenemeyer et. al. 2012, S. 122).

Soziale Probleme sind dem folgend wiederum Gegenstand von Konflikten im politischen System, da es sich um die Mobilisierung für bestimmte Problemdeutungen und – kategorien handelt. Inhaltlich sind es Entscheidungen über die Verteilung von Ressourcen und Maßnahmen zur Kontrolle, sowie die Kontrolle und Steuerung von Zuständigkeiten und Einfluss (vgl. Groenemeyer et. al. 2012, S. 122).

Symbolische Politik und die symbolische Bedeutung von Politik

Das Konzept der „Symbolischen Politik" nach Murray Edelman (1977) beinhaltet, dass die Politik nicht darauf abzielt, soziale Probleme zu lösen, sondern mithilfe der Manipulation von Symbolen eher darauf ausgelegt ist, dass „etwas getan" wird (vgl. Groenemeyer et. al. 2012, S. 174).

Im Politikbegriff von Murray Edelman zeigt sich ein Nebeneinander von politischer Inszenierung und Wirklichkeit hin zu einer charakteristischen Strukturbestimmung des Politischen. Dabei zeigt er als die Realität des Politischen seine Doppelung bzw. Brechung von zwei Realitäten auf. Diese sind einerseits einen Machtkampf und andererseits eine Täuschung über die Nachricht und Deutung, strategische Rationalität und symbolische Mystifikation. In seinem

Grundkonzept geht Edelman von der Erscheinungsweise symbolischer Politik aus, welche sich zahlreicher Elemente wie Rhetorik, Mythenbildung, Ritualen, Personalisierungen, Dramatisierungen und Emotionalisierungen bedient. Ziel ist die Schaffung einer politischen Vorderbühne, hinter welcher sich dann wiederum politische Handlungsfähigkeit, Blockaden sowie versteckte Benachteiligung von allgemeinen Interessen verbergen lässt. Weiterhin hilft die Verwendung politischer Rituale dabei, komplexe Sachverhalte zu vereinfachen und ggf. die Öffentlichkeit zu beruhigen. Insgesamt gesehen ist Politik ein Nebeneinander von Inszenierung und Wirklichkeit (vgl. Groenemeyer et. al. 2012, S. 174).

> „Symbolische Politik zielt nicht nur auf das Benennen eines politischen Sachverhalts; bei dem Einsatz symbolischer Mittel geht es auch um die Benennungs- und Deutungsmacht, also um die Durchsetzung einer bestimmten Perspektive sozialer Probleme." (Groenemeyer et. al. 2012, S. 174)

Symbolische Politik verfügt über zwei zentrale Konnotationen: (vgl. Groenemeyer et. al. 2012, S. 174f.)

1. Die Verschleierung wirklicher Absichten und Interessen der politischen Akteure. Dies geschieht durch die Täuschung der Realität über Sprache, Bilder und Symbole.

2. Unterscheidung von „talk" und „action". Die symbolische Politik täuscht vor, dass etwas getan wird und dabei bleibt die Politik auf der symbolischen Ebene und ohne faktischen Handlungsbezug.

> „Symbolische Politik steht für falschen Schein, bewusste Täuschung einer Politik des ´Als-ob´, für Placebopolitik, Verschleierung, Verstellung. Übertünchung, Verdrängung, für Politik als Unterhaltungsshow, als ästhetische Inszenierung, als Medienspektakel und Massenmanipulation." (Nullmeier 2005, S. 199)

Dies führt Nullmeier weiter aus, indem er schreibt:

> „Durch Konzentration auf Wahlkämpfe und deren immer perfektere Inszenierung kam es aber sowohl auf Seiten der Wissenschaft wie auf Seiten der Öffentlichkeit zu der Vorstellung verselbstständigter, autonom gewordener symbolischer Politik. Fasziniert von der Kraft der Inszenierungen verlor sich der Bezug zu den Politikinhalten endgültig. Die Show steht in dieser Sichtweise nicht mehr im Dienste der Verhüllung, sie ist eine Politikrealität sui generis. Ihr ist nicht länger die Beziehung zu materiellen Politiken immanent, sie steht für sich. Entsprechend werden an symbolische Politik nun eigene Maßstäbe angelegt: Nur

was gut inszeniert ist, wird politisch belohnt, nur gute Shows erhalten noch die Unterstützung der Wähler und Wählerinnen. Eine autonome politische Symbol-Welt entsteht, in der der Parteienkampf ausgetragen wird. Statt ideologischer Kohärenz und der Überzeugungskraft von Parteiprogrammen oder politischen Forderungspakten sind nun die Inszenierungen selbst das wahlentscheidende Produkt des politischen Spiels." (Nullmeier 2005, S. 200)

Die symbolische Wirkung geht über Bilder, Sprache und ebenso über materielle Formen der Politik. Hierzu zählen insbesondere institutionelle Arrangements und rechtliche Verfahren, welche Muster zur Verteilung von materiellen Ressourcen darstellen. Gleichzeitig kommt diesen auch eine Funktion zur Herstellung symbolischer Ordnung zu (vgl. Groenemeyer et. al. 2012, S. 176).

Abschließend lässt sich Folgendes festhalten:

„Ein wichtiger Aspekt ist hierbei z. B. auch die mit der Institutionalisierung von Problembearbeitungen verbundene Etablierung von Normalitätsstandards und Zumutbarkeitsgrenzen in den administrativen Regelungen und Gesetzen, die dann wiederum die Basis für die Konstruktion und Mobilisierung neuer sozialer Probleme darstellen können." (Groenemeyer et. al. 2012, S. 176)

Weiterhin lässt sich als Fazit festhalten, dass faktisch ein Regieren durch soziale Probleme und unter Verwendung der symbolischen Politik stattfindet.

4. Die kritische Organisationsforschung – theoretische Einführung

4.1 Kritisches Forschen in der Sozialen Arbeit

Kritik in all seinen Formen war schon immer ein Begleiter des menschlichen Handelns. Jede Form der Beurteilung menschlichen Handelns, sozialer Zustände, gesellschaftlicher Institutionen oder Werten sowie jede Einschätzung einer organisationalen Praxis als gut, falsch, (un-)angemessen oder problematisch ist diesem Ansatz folgend Kritik. Ronald Hartz stellt dies wie folgt dar:

> „Dies gilt konstitutiv im lebensweltlichen Zusammenhang, für den Bereich der Medien, für die politische Praxis und last not least auch für organisationale Praktiken. Letzteres wird prominent sichtbar an den öffentlichen, politischen und medialen Diskursen über Geschäftspraktiken in Konzernen wie beispielhaft Volkswagen, Shell, Enron, der Deutschen Bank oder Monsanto. Überdeutlich zeigt sich dies auch angesichts von Katastrophen wie der Explosion der Ölplattform Deep Water Horizon im April 2010, dem Chemieunfall im indischen Bhopal 1984 oder des Einsturzes des Fabrikgebäudes Rana Plaza in Bangladesch im Jahr 2013 und den sich hieran anschließenden Kontro-

versen über die soziale und ökologische Verantwortung von Unternehmen und damit verbundenen zivilgesellschaftlichen Mobilisierungen." (Hartz 2017, S. 170)

Dieses Buch möchte vor diesem Hintergrund, der Idee und dem Projekt einer kritischen Organisationsforschung, durch die Darstellung unterschiedlicher Formen und Einsatzpunkte von Kritik, die Perspektiven dieser Forschungsrichtung deutlich machen. Dazu ist es zunächst notwendig, zu klären, was mit kritischer Forschung gemeint ist. Soziale Arbeit präsentiert sich inzwischen auch als eine forschende Disziplin, was an einem „signifikanten Zuwachs an Forschungsaktivitäten" (Sommerfeld 2011, S. 1462) abzulesen ist. Zahlreiche Publikationen, aber auch die Lehrpläne der Bachelor- und Masterstudiengängen der Sozialen Arbeit, zeigen, dass Forschung mittlerweile einen großen Stellenwert erhalten hat. In solchen Publikationen wird vor allem gezeigt, „welche Methoden bislang in welchen Forschungsfeldern der Sozialen Arbeit mit welchen spezifischen Problemen und Chancen Anwendung gefunden haben." (Miethe und Bock 2010, S. 10) In der bisherigen Forschung der Sozialen Arbeit wird dabei meist allgemein formuliert, dass die Forschung einerseits zur Theoriebildung bzw. deren Überprüfung dienen soll. Andererseits soll sie auch dazu beitragen, die Gestaltungsmöglichkeiten der Praxis zu verbessern und somit zur Praxisentwicklung beizusteuern. (vgl. Sommerfeld 2011, S. 1470) Dabei wird immer wieder betont, dass „die komplexen Fragestellungen der Sozialen

Arbeit zum einen hochprofessionelle Forschung mit elaborierten Methoden der empirischen Sozialforschung und zum anderen das Zusammenwirken von Vertretern verschiedener Herkunftsdisziplinen" (Maier 2009, S. 48) erfordern. Insgesamt lässt sich jedoch feststellen: Bislang wurde „noch keine eigene systematische Forschungstradition ausgebildet, in welchen die bedeutsamen theoretischen Bezüge der Sozialen Arbeit, wie z. B. der Lebensweltansatz, die Systemtheorie oder die Dienstleistungsorientierung, im Vordergrund stehen […]." (Schimpf und Stehr 2012, S. 7) Qualitative Forschungsmethoden für die Soziale Arbeit werden hingegen als besonders geeignet herausgestellt, da diese eine „besondere Nähe zur Grundintention Sozialer Arbeit aufweisen." (Bock und Miethe 2011, S. 1190)
Hierbei erscheint das Verhältnis von Forschung und Theorie zumeist konfliktfrei. (vgl. Schimpf und Stehr 2012, S. 7) Dabei gerät jedoch aus dem Blick, dass die Herrschaftsinteressen von Verbänden, Politik oder auch der wissenschaftlichen Institutionen selbst in diesem Zusammenhang nicht thematisiert werden. Damit bleiben die Konfliktverhältnisse in Forschungskontexten verdeckt und die Konflikte werden auf den Nebenschauplätzen, zumeist in der eigenen Disziplin, ausgetragen. (vgl. ebd. S. 8) Aus diesem Grund werden der Disziplin der Sozialen Arbeit insgesamt ein oberflächlicher Umgang mit forschungsmethodischen Standards sowie eine unangemessene und eher primitive Berücksichtigung methodologischer sowie methodischer Fragen vorgeworfen. (vgl. Bock und Miethe 2011, S. 1192)

Die Fragen nach dem Beitrag der Forschungen in der Sozialen Arbeit zur gesellschaftskritischen Positionierung sowie auch nach dem Bezug für die Adressat*innen und Nutzer*innen gerät hierbei in den Hintergrund. Dabei dienen gerade die forschungsbezogenen Diskurse auch dazu, „empirisch untermauerte Analysen zur gesellschaftlichen Funktion von Sozialer Arbeit zu realisieren." (Oelerich und Otto 2011, S. 11)

Es existieren, sowohl in den Hochschulen als auch in der Praxis Sozialer Arbeit, sowie in der Politik sehr unterschiedliche Vorstellungen von Forschung und, was genau als Forschung anerkannt wird. Dies ist immer geprägt von den Themen und Rahmungen hegemonialer Diskurse. (vgl. Schimpf und Stehr 2012, S. 8)

> „Die Entwicklung einer eigenständigen Forschungsperspektive in der Sozialen Arbeit, aus der heraus theoretisch angeleitete gesellschaftskritische Forschungsfragen zu entwickeln wären, wird durch die politisch gesetzten Rahmenbedingungen behindert und an den Rand gedrängt. Mit der normativen Ausrichtung sowohl der Praxis Sozialer Arbeit als auch des Wissenschaftsbetriebes auf Effizienz und Effektivität und der gleichzeitigen Behauptung, dass beides in der Praxis Sozialer Arbeit regelmäßig nicht erreicht werde, wird gegenwärtig an der Propagierung des Konzepts der Wirksamkeit und der Implementierung einer Wirkungsforschung gearbeitet, die die Disziplin wie

auch die Profession der Sozialen Arbeit einer politischen Außensteuerung unterwirft, die – vordergründig paradoxerweise – als Aufgabe der professionellen Praxis und als Verpflichtung für die Adressaten/innen ´Aktivierung´ und ´Selbststeuerung´ als Zielmarke setzt."

(Schimpf und Stehr 2012, S. 8)

In der Praxis liegt das Interesse der Wirkungsforschung in der Optimierung des Einsatzes von Mitteln und Ressourcen mit dem Fokus auf die Zielerreichung in der Sozialen Arbeit. Damit sind das Erkenntnisinteresse und die Fragestellungen der Wirkungsforschung stets aus der Perspektive der Institution formuliert. (vgl. Oelerich und Schaarschuch 2005, S. 15) Diese Wirkungsforschung nimmt eine Verwaltungsperspektive ein, aus welcher heraus keine eigenständige, disziplinäre und originäre Forschungsperspektive für die Soziale Arbeit entwickelt werden kann. Dieses durch die Wirkungsforschung ermittelte Wissen ist zwar ein forschungsbasiertes Wissen, jedoch ist es vor allem der Politik und Verwaltung dienlich, die damit ihre sozialpolitischen Ziele effektiver und effizienter umzusetzen versuchen. Dies kann in der Praxis durchaus auch gegen die Interessen der Profession Sozialer Arbeit und derer Adressat*innen gerichtet sein. (vgl. Schimpf und Stehr 2012, S. 9)

Diese skizzierten und als problematisch zu bewertenden Tendenzen in der Forschungslandschaft machen es notwendig, sich kritisch mit allen Varianten von affirmativer

Forschung auseinanderzusetzen. Dabei ist eine (Weiter-)Entwicklung kritischer Forschungsperspektiven erforderlich, welche die Forschungspraxis selbst als einen Moment der Auseinandersetzung um eine gesellschaftskritische Positionierung Sozialer Arbeit begreift. Hierbei gilt es, auch die eigenen Anteile an Ordnungspolitiken, z. B. Herstellung von Herrschafts-, Ungleichheits- und Ausschließungsverhältnissen, zu reflektieren. (vgl. ebd.)

> „Problematisch ist zudem, dass durch die Favorisierung narrativer Interviews und des Einfallbezugs in Forschungskontexten therapeutisch orientierte Rahmungen Sozialer Arbeit verstärkt werden und damit eine Entpolitisierung Sozialer Arbeit weiter vorangetrieben wird, die wiederum kompatibel ist mit der gegenwärtigen Ausrichtung der Sozialpolitik, die auf den normalisierenden bis ausschließenden Zugriff auf Individuen setzt, deren Verhalten geändert werden soll." (Schimpf und Stehr 2012, S. 9)

So eine Statuspolitik verhindert im Kontext von Forschung eine kritische Positionierung gegenüber der aktuellen Sozialpolitik und hegemonialen Forschungsausrichtungen. Zugunsten einer systematischen Reflexion der Bedingungen und Möglichkeiten einer eigenständigen Sozialen Arbeit sollte dies aufgegeben werden. Für eine eigenständige Soziale Arbeit, die sich gesellschaftskritisch versteht und positioniert, ist es zentral zu erkennen und zu benennen, welche Möglichkeiten wissenschaftliches Forschen zur kritischen Gesellschaftsbeschreibung eröffnet. Dadurch werden hegemoniale Positionen hinterfragt, Konfliktverhältnisse und herrschaftssichernde Ideologien erkannt. Es fehlen bislang jedoch ebenso eine Reflexion des Verhältnisses von Forschung und Theorie bzw. zur Disziplin der Sozialen Arbeit, wie auch eine Selbstreflexion der Wissenschaft Sozialer Arbeit in Bezug auf ihre Forschung und ihren Gegenstandsbereich. (vgl. ebd. S. 9f.) Das gesellschaftskritische Forschen beginnt bei der Wahl des Gegenstands und hat den Anspruch, erkenntnistheoretische Positionen traditioneller Wissenschaften zu hinterfragen sowie deren Einschränkungen zu erkennen und deren Grenzen zu überwinden. (vgl. ebd. S. 10)

> „Ziel dieses Forschens ist es, gesellschaftliche Vorgänge, Prozesse und Strukturen nicht zu verdoppeln, sondern die Selbstverständlichkeiten des Gegebenen einer kritischen Befragung zugänglich zu machen. Damit stellt sich zunächst die Frage nach geeigneten Forschungsperspektiven auf einen Gegenstand, den es im Rahmen einer kritischen Gesellschaftstheorie zu konkretisieren und zu situieren gilt." (Schimpf und Stehr 2012, S. 10)

Weiterhin ist es wichtig zu beachten, dass Wissenschaftliche Forschung nicht außerhalb der gesellschaftlichen Macht- und Herrschaftsverhältnisse stattfindet und daher als soziale Praxis selbst mit in den Blick zu nehmen ist und ihre Positionierung mit zu reflektieren bzw. zu analysieren. Ebenso ist die Methodenwahl von Bedeutung, da über die

ausgewählten Methoden die Forschungssituationen maß-
geblich strukturiert werden. In der kritischen Forschung ist
ein vielfältiger Umgang mit der Anwendung von Methoden gefragt. Die konkreten Methoden ergeben sich einerseits aus der inhaltlichen Fragestellung und andererseits
aus der Reflexion der Strukturierungsleistung von Forschungssituationen durch Methodenanwendung. Ein kritisches Forschen muss also einen methodenkritischen Blick
entwickeln und die Methoden auf ihren Herrschaftscharak-
ter hin befragen und anschließend beurteilen. Dementsprechend sind Strukturierungen der Forschung zu präferieren,
die in der Forschungssituation eine Artikulation von Widersprüchen und eine Perspektivenvielfalt in der Interpre-
tationssituation ermöglichen. (vgl. ebd. S. 10f.)

> „Die gewählten Forschungsmethoden sind folg-
> lich immer danach zu befragen, welche For-
> schungsverhältnisse und welche Forschungssitua-
> tionen durch diese erzeugt und strukturiert wer-
> den und welche Aspekte von ´Selbstdarstellung´
> und ´Selbstthematisierung´ damit ermöglicht
> und/oder verhindert bzw. welche Momente der
> ´Zurichtung´ und ´Verdinglichung´ damit vorge-
> nommen werden." (Schimpf und Stehr 2012, S. 11)

Die Möglichkeiten für eine kritische Gesellschaftsbeschreibung, die über das Forschen eröffnet wird, lassen sich vor-
ab nicht bestimmen. Dies zeigt sich vor allem in den For-
schungsergebnissen. Der Gegenstand der Forschung, die
Kategorien wie auch die Methoden sind immer wieder zu

reflektieren, damit sie nicht für herrschaftliche Zwecke instrumentalisiert werden können. Dabei ist ein zentrales Kriterium, auf welche Weise die Forschung für die Adressat*innen der Sozialen Arbeit einen Gebrauchswert entfalten kann. Dabei gilt es auch im Blick zu behalten, auf welche Weise die Forschung von den Adressat*innen als eine Ressource zur Artikulation eigener Interessen und zur Thematisierung von gesellschaftlichen Widersprüchen und Konflikten genutzt werden kann. (vgl. ebd. S. 11) Abschließend ergeben sich nach Schimpf und Stehr drei Ebenen der kritischen Reflexion:

1. Die Ebene der inhaltlich-theoretischen Schärfung des Forschungsgegenstandes

2. Die Ebene der kritischen Auseinandersetzung mit den vorherrschenden Forschungsperspektiven und Forschungspraxen

3. Die Ebene der Auseinandersetzung mit bereits existierenden kritischen Forschungsperspektiven; hier gilt es herauszuarbeiten, welche Potentiale und Fallstricke diese Perspektiven beinhalten. (vgl. ebd. S. 11)

Diese Ausführungen stellen lediglich eine Einführung in das Konzept und die Ansätze des kritischen Forschens in der Sozialen Arbeit dar und sind inhaltlich weder abgeschlossen noch vollständig. Für den Gegenstand dieses Buches ist dies jedoch zunächst ausreichend, um einen Teil zur Beantwortung der Forschungsfrage beizutragen.

4.2 Kritische Organisationsforschung

Für Cremer-Schäfer ist der Name „Kritische Institutionen-forschung" (analog zu kritischer Organisationsforschung) die Bezeichnung für Forschungszugänge, welche die organisierte Fürsorge, Wohlfahrtspflege, Sozialpädagogik, Sozialarbeit, Soziale Hilfen bzw. Soziale Arbeit im Kontext ihrer gesellschaftlichen Ordnungs- und Herrschaftsfunktionen analysieren. Sie realisieren unterschiedliche Praktiken von bürgerlicher Wohltätigkeit und Formen sozialstaatlicher Institutionalisierung sozialer Konflikte. Dabei stellen die genannten Begriffe Praktiken im Rahmen von Klassenver-hältnissen und politischen Kompromissbildungen dar. (vgl. Cremer-Schäfer 2012, S. 135)

Damit knüpft Cremer-Schäfer direkt an die Traditionen der kritischen Forschung bzw. der kritischen Sozialen Arbeit an und wendet diese auf die Organisationen und Institutionen der Sozialen Arbeit an. Die Institutionalisierung bzw. Organisation von Sozialer Arbeit führt zu einer angestrebten und beabsichtigten einseitigen Angleichung der Individuen an die Gesellschaft, als Integrationsinstanz für die Hilfsbe-dürftigen mit einem Normierungsansatz für Problemgrup-pen und zugleich als Instrument der Herrschaftssicherung durch Unterstützung der Reproduktionsprozesse von Ar-beitskräften mit dem Ziel der Anpassung an Normen und Werte der kapitalistischen Gesellschaft. Die Soziale Arbeit ist sozialstaatlich gerahmt, organisiert und findet weiterhin im Kontext eines institutionalisierten Konflikts statt. Daher kommt nun der kritischen Organisations- bzw. Institutionenforschung die Aufgabe zu, „über die Dialektik einer integrierenden Ordnungspolitik aufzuklären, d. h. die Widersprüche von ´Hilfe als Herrschaft´ herauszuarbeiten." (Cremer-Schäfer 2012, S. 136) Die kritische Organisations- und Institutionsforschung kann davon ausgehen, dass die gesellschaftlichen organisierten Hilfen als ein Moment der Klassenpolitik entstanden sind und dazu dienen, die Lebensweisen der unteren Klassen von oben als Teil des sozialstaatlichen Herrschaftsregimes zu organisieren. Dem folgend ergibt sich in der kritischen Organisations- bzw. Institutionsforschung nicht die Frage, ob es Herrschaftsverhältnisse gibt, sondern nur noch, wie diese empirisch zu beobachten sind. Die empirische Forschung kann sich nicht von einem herrschaftstheoretischen Rahmen isolieren, da die Konflikte um die Institution bzw. in der Institution sowie deren mehr oder weniger kompetente Bearbeitung es gleichsam möglich machen, Widersprüche zu beobachten. (vgl. ebd. S. 136f.)

5. Drei kritische Perspektiven für die Organisationen der Sozialen Arbeit

Die Organisationen der Sozialen Arbeit erfüllen vielfältige Aufgaben innerhalb der Gesellschaft und sind ein fester Bestandteil des Sozialstaats. In diesem Buch wurde aufgezeigt, dass die Organisationen jedoch immer auch in ein gesellschaftliches Konstrukt aus Macht und Herrschaft eingebunden sind. Fragt man nun nach den Perspektiven der kritischen Organisationsforschung für die Organisationsentwicklungsprozesse, so ergeben sich drei zentrale Perspektiven.

Erste kritische Perspektive

Zunächst einmal ermöglicht die kritische Perspektive die Wahrnehmung und Analyse von Macht- und Herrschaftsverhältnissen innerhalb von sozialen Organisationen. Diese Organisationen stehen immer in einem Macht- und Herrschaftsverhältnis zu den Adressat*innen der Sozialen Arbeit, welche die sozialen Dienstleistungen in Anspruch nehmen.

> „Die Institution verfügt über die Macht der Definition von Regeln als Normen und sie bestimmt die Regeln der Situation." (Cremer-Schäfer 2012, S. 141)

So sind die Organisationen der Sozialen Arbeit, die Institutionen, die amtlich diskreditierende Etiketten (Zuschreibungen) verteilen und somit Devianz zuschreiben. Damit erzeugen die Organisationen bei ihren Adressat*innen

Maßnahmekarrieren und dokumentieren diese fortlaufend (z. B. in Akten, welche dann eine vermeintliche Wirklichkeit abbilden). Damit ermöglichen die Organisationen der Sozialen Arbeit die Ausweisung bzw. den Ausschluss z. B. durch Einweisung in die eigenen geschlossenen Anstalten der jeweiligen Organisation. (vgl. Cremer-Schäfer 2012, S. 141) Diese Macht- und Herrschaftsverhältnisse gilt es im Sinne einer kritischen Forschung zu reflektieren und zu analysieren.

Zweite kritische Perspektive

Als zweites ermöglicht die kritische Perspektive für die Organisationsforschung die Wahrnehmung und Analyse von Macht- und Herrschaftsverhältnissen zwischen den Organisationen. Das Verhältnis zwischen den sozialen Organisationen ist durch das neoliberale System der Dienstleistungsgesellschaft geprägt von Verteilungskämpfen. Die Gründe dafür liegen in der zuvor dargestellten Ökonomisierung der Sozialen Arbeit gemäß dem Motto: Soziale Arbeit muss sich rechnen.

Auf diesem Pseudomarkt für soziale Dienstleistungen ist der Staat der einzige Kunde und zugleich Auftraggeber für die Soziale Arbeit. Der Staat hat die Definitionsmacht über die zu bearbeitenden sozialen Probleme und verfügt ebenfalls über die Definitionsmacht für die dafür zur Verfügung stehenden finanziellen Ressourcen. Die Organisationen der Sozialen Arbeit bewegen sich und handeln auf dem sozialen Markt im Rahmen der kapitalistischen Wirtschaftsordnung in Deutschland. Diese wird als soziale Marktwirtschaft bezeichnet, jedoch bestimmt und steuert der Markt alle wichtigen Prozesse. Damit trägt der Markt zum (vermeintlichen) Funktionieren der Gesellschaft bei und sichert das Wohlergehen der Menschen. Der Staat wiederum räumt dem Markt alle Hindernisse aus dem Weg und sorgt dafür, dass er, trotz schwerwiegender Krisen, wie beispielsweise die Finanzkrise 2008/2009, schnell wieder handlungsfähig wird. (vgl. Seithe 2012, S. 94)

> „Das Funktionieren der Wirtschaft, die Sicherung der Gewinne und die Notwendigkeit, auf dem globalen Weltmarkt konkurrenzfähig zu sein und immer größere Gewinne zu machen, das sind die Perspektiven, die derzeit als gesamtgesellschaftliche Zielsetzungen von herrschender Politik und Medien dargestellt und von vielen auch dafür gehalten werden." (Seithe 2012, S. 94)

Seit den 1990er-Jahren kam es in Deutschland zu einer Vermarktlichung im Sozialbereich und prägte fortan die Organisation(en) der Sozialen Arbeit. Der Sozialbereich wurde konsequent umstrukturiert und es fand eine Verschiebung vom öffentlichen in den ökonomischen Bereich statt. Die öffentlichen sozialen Dienstleistungen wurden zunehmend privatisiert und die freien Träger der Sozialen Arbeit rückten in den Fokus des Wettbewerbs in der Sozialen Arbeit. Dieser Paradigmenwechsel ist über die Jahre zu einem konstitutiven Merkmal des modernen sozialen Dienstleistungssektors geworden. (vgl. ebd. S. 123 f.)

Damit kommt es heute zu einem Wettbewerb und zu einer Konkurrenz zwischen den Anbietern sozialer Dienstleistungen, gleichgültig, ob es freie und gemeinnützige Träger oder gewerbliche Anbieter sind. Dies ist im Bereich der Kinder- und Jugendhilfe gesetzlich bereits festgelegt (Sozialgesetzbuch VIII) und politisch so gewollt. Es kommt zu einem Kostenwettbewerb anstelle von einem Qualitätswettbewerb, da für die Entscheider*innen bei der Vergabe oftmals nur die Kosten zählen. Doch der vermeintliche Markt für soziale Dienstleistungen existiert nur als Konstrukt der Politik. In der Realität sind die Nutzer*innen der Sozialen Arbeit keine wirklichen Kund*innen, da sie die Dienstleistungen zumeist gar nicht bezahlen können. Stattdessen ist der Sozialstaat der Finanzier und Einkäufer der sozialen Dienstleistung. Damit gibt es auch keine wirkliche Konkurrenz, sondern der Staat besitzt eine Monopolstellung und gibt den sozialen Organisationen die zentralen Ziele - Effektivität, Effizienz und Kostensenkung - vor. (vgl. ebd. S. 139 f.)

Die Soziale Arbeit, und dementsprechend auch die Organisationen der Sozialen Arbeit, sind zunehmend durchdrungen von einer effizienzorientierten Marktlogik und damit von einer betriebswirtschaftlichen Denkweise, die im ökonomischen Sektor der Gesellschaft durchaus üblich ist. (vgl. Galuske 2002, S. 321)

> „Die Verbindung der betriebswirtschaftlichen Tendenz zur Formalisierung und Quantifizierung sozialpädagogischer Inhalte auf der einen Seite

mit dem allgegenwärtigen Effizienzpostulat auf der anderen Seite kann leicht dazu führen, dass Soziale Arbeit im Rahmen der Ökonomisierung ihren Kern verliert und zu einer platten, eindimensionalen und standardisierten Hilfeschablone verkommt. Systematische Zusammenhänge Sozialer Arbeit werden dabei missachtet oder einfach ausgeklammert. Es wird nicht nur versucht, um jeden Preis Qualitäten in Quantitäten zu erfassen und auszudrücken, es wird auch nur in linearen Zusammenhängen gedacht." (Seithe 2012, S. 201f.) Dabei finden jedoch zentrale Aspekte Sozialer Arbeit, wie beispielsweise Partizipation, Schaffen von Vertrauen, biografischer Eigensinn, prozessuale Strukturmerkmale wie die Herausbildung einer Gruppe oder auch interaktive Momente in ihrer Komplexität, keinen Eingang in die Leistungs- und Entgeltbeschreibungen, was die inhaltliche Elimination zur Folge hat. (vgl. ebd. S. 202) Die kritische Organisationsforschung beleuchtet unter anderem die ökonomischen und inhaltlichen Auswirkungen dieses Verfahrens auf die Soziale Arbeit in Deutschland und reflektiert diese kritisch.

Dritte kritische Perspektive

Die dritte kritische Perspektive für die Organisationsforschung für Organisationen in der Sozialen Arbeit ermöglicht die kritische Reflexion der Aufgaben und des Aufgabenverständnisses der Sozialen Arbeit in der Gesellschaft insgesamt.

Dabei stehen die sozialen Organisationen heute mehr denn je im Spannungsfeld zwischen Sozialer Arbeit und der Ökonomisierung des gesamten sozialen Sektors; oftmals unter dem Motto: Soziale Arbeit muss sich rechnen. Diese Veränderungen tragen zu einer Reduzierung der zur Verfügung stehenden finanziellen Ressourcen bei.

> „Die Veränderungen wirken sich ebenfalls auf den Prozess der Erbringung sozialer Dienstleistungen selber aus und damit auch auf die Definition der Aufgaben und der Zielgruppen Sozialer Arbeit. Und nicht zuletzt verändern sie die Binnenstruktur, also z. B. die Organisation, die Sprache, die Bedeutung bestimmter Bezugswissenschaften, die intentionale Ausrichtung und die Methoden der Sozialen Arbeit." (Seite 2012, S. 233)

Im neoliberalen Wirtschaftssystem in Deutschland wird die Soziale Arbeit, und somit auch die Organisationen der Sozialen Arbeit, die Verbindung zur Ökonomisierung nicht aufheben können.

> „Was die Soziale Arbeit betrifft, wird durch die Ökonomisierung vor allem das Tor weit geöffnet für eine neue, sogenannte ´aktivierende Soziale Arbeit´, die sich von ihren sozialpolitischen Aufgaben und von ihrer an fachlich und ethische Prinzipien gebundene Professionalität verabschiedet." (Seithe 2012, S. 237)

Hier kann der Ansatz der kritischen Organisationsfor-schung als ein Teil des kritischen Forschens in der Sozialen Arbeit dazu beitragen, dass sich die Organisationen dieser neoliberalen Entwicklungen bewusst werden und sich neue Freiräume für eine emanzipatorische Soziale Arbeit suchen und finden. Bettinger fasst diese Situation der Sozialen Arbeit wie folgt zusammen:

> „Die Orientierung sozialarbeiterischer und sozial-pädagogischer Praxis an (wie sich noch zeigen wird: konstruierten und interessegeleiteten) Vor-stellungen von gesellschaftlicher ´Normalität´ und Ordnung sowie in der Konsequenz an (ebenso konstruierten) Vorgaben bezüglich ´Devianz´, ´Delinquenz´, ´sozialen Problemen´ und ´Problemgruppen´ sowie daraus resultierenden Funktionszuweisungen und Arbeitsaufträgen (In-tegrieren, Resozialisieren, Kontrollieren, Diszipli-nieren, Fordern, Fördern u.v.m.), mag für Sozial-arbeiter*innen und Sozialpädagog*innen den zweifelhaften ´Vorteil´ der Komplexitätsreduktion mit sich bringen, und zwar dahin gehend, dass mit den im Rahmen der Ausbildung eingeübten ´Diagnoseverfahren´ nicht nur vermeintlich ein-deutig identifizierbare ´soziale Probleme´, ´individuelle Problemlagen´ und ´Problem-/ Risi-kogruppen´ sowie diesen zugrunde liegenden ´Ursachen´-Konstellationen benannt werden kön-nen, sondern darüber hinaus auch - ´Dank´ der

ebenfalls in der Ausbildung gelernten ´Methoden´
- ganz im ´Sinne´ der Auftraggeber individualisie-
rend (u.a. beratend, therapeutisierend, kontrollie-
rend, sanktionierend, fördernd und fordernd) bearbeitet werden können." (Bettinger 2012, S. 166)
Eine kritische Organisationsforschung hat nicht nur den
gesellschaftlichen Kontext einzubeziehen. Ebenso ist es
notwendig, dass der Kontext von menschlicher Interaktion
einbezogen wird, denn Soziale Arbeit arbeitet mit und für
Menschen. Nur mit dieser gemeinsamen Perspektive wird
es möglich, im Rahmen der kritischen Organisationsforschung die Frage nach der Reproduktion von einer Un-
gleichheits- und Herrschaftsordnung zu formulieren.

„Eine kritische Institutionenforschung kann und
müßte einen weiteren Schritt tun: kontinuierlich
die Interaktionssituation zum Gegenstand von
Forschungen zu machen, die professionellen Vo-
kabulare, die professionellen Theorien und das
implizite Wissen auf verdinglichende Begriffe und
Denkweisen hin zu untersuchen." (Cremer-
Schäfer 2012, S. 145)
Davon ausgehend, dass Etiketten und Diagnosen (in der
Sozialen Arbeit) einen Gegenstand lediglich abbilden, erzeugt dies eine „Situation, die als eine Nicht-Situation präsentiert wird." (Laing 1974, S. 51) Die Soziale Arbeit in
Organisationen und Institutionen bedient sich nun wiederum dieser Interpretationsregeln, welche eine Situation als
eine Nicht-Situation erscheinen lassen. Dabei wird der

eigene Anteil im Interaktionsprozess jedoch ausgeklammert. Dagegen hilft nur Reflexivität, wie sie beispielsweise in der kritischen Organisationsforschung vorzufinden ist. (vgl. Cremer-Schäfer 2012, S. 145 f.)

Die aktuelle Corona-Pandemie bringt die vorherrschende soziale Ungleichheit in Deutschland ans Licht und zeigt auf, wie gespalten die Gesellschaft wirklich ist. Hieran hat die in Organisationsform organisierte Soziale Arbeit ihren nicht unerheblichen Anteil. Dem folgend ist eine klare politische Positionierung im Sinne einer Re-Politisierung der Sozialen Arbeit zu fordern, welche in der Lage ist, über Neoliberalismus hinaus Utopien zu skizzieren, für ein soziales Miteinander und für soziale Gerechtigkeit. Dies bedeutet auch die Regierungspraxis (im Sinne der Gouvernementalität nach Michel Foucault) und die Finanzierungsformen der Sozialen Arbeit neu zu hinterfragen. Dies bezieht sich dann wiederum eindeutig auf die Frage nach den Organisationsformen der Sozialen Arbeit, auch wenn diese aktuell streng gesetzlich geregelt sind (Abgabenordnung für die Gemeinnützigkeit etc.) und die Refinanzierung durch den Staat, welche wiederum in den Gesetzesbüchern klar festgelegt ist.

Zusammenfassend liegt der Fokus darauf, die Organisationen und Organisationsformen der Sozialen Arbeit kritisch zu reflektieren und in ihren Abhängigkeits- und Machtverhältnissen zu begreifen. Die Soziale Arbeit steht niemals für sich allein und ist immer in ein bestehendes neoliberales und kapitalistisches System eingebunden. Dies gilt auch und insbesondere für die Organisationen der Sozialen Arbeit.

Ausblick

Die aktuelle Corona-Pandemie bringt die vorherrschende soziale Ungleichheit in Deutschland ans Licht und zeigt auf, wie gespalten die Gesellschaft wirklich ist. Hieran hat die in Organisationsform strukturierte Soziale Arbeit ihren nicht unerheblichen Anteil. Dem folgend ist eine klare politische Positionierung im Sinne einer Re-Politisierung der Sozialen Arbeit zu fordern, welche in der Lage ist, über Neoliberalismus hinaus Utopien zu skizzieren, für ein soziales Miteinander und für soziale Gerechtigkeit. Dies bedeutet auch die Regierungspraxis (im Sinne der Gouvernementalität nach Michel Foucault) und die Finanzierungsformen der Sozialen Arbeit neu zu hinterfragen.

Zusammenfassend liegt der Fokus darauf, die Organisationen und Organisationsformen der Sozialen Arbeit kritisch zu reflektieren und in ihren Abhängigkeits- und Machtverhältnissen zu begreifen. Die Soziale Arbeit steht niemals alleine und ist immer in ein bestehendes neoliberales und kapitalistisches System eingebunden. Dies gilt auch und insbesondere für die Organisationen der Sozialen Arbeit.

Inmitten dieser Krise lässt der Staat die Soziale Arbeit und ihre Akteur*innen alleine. Die sozialen Organisationen sind bislang noch nicht unter den großen Wirtschaftsrettungsschirm gekommen bzw. die Anforderungen sind so hoch, dass dies insbesondere für kleine Organisationen auch nicht infrage kommen (Stand August 2020). Die großen Organisationen schaffen es womöglich, aber für viele kleine Organisationen wird es das Ende ihrer Tätigkeit sein. Dies trifft vor allem die Organisationen, welche sich (fast) ausschließlich über Spenden finanzieren. Damit verbleibt den sozialen Organisationen nur die Möglichkeit, nun mehr Spenden einzuwerben.

Dieses heutige Dilemma der Organisationen der Sozialen Arbeit wird sich in der kommenden Post-COVID-Krise dann noch verstärken.[20]

---

[20] Unter www.johannes-stephens.de/corona habe ich in den letzten Monaten eine Liste mit Links zu Artikel und Beiträgen zu diesem Thema erstellt.

Literaturverzeichnis

Anhorn, Roland / Bettinger, Frank: Keine Chance für die Kritische Kriminologie. In: Anhorn, Roland / Bettinger, Frank (Hrsg.) (2002): Kritische Kriminologie und Soziale Arbeit. Impulse für professionelles Selbstverständnis und kritisch-reflexive Handlungskompetenz.
München und Weinheim 2002,
Juventa Verlag, S. 11-26

Anhorn, Roland / Bettinger, Frank / Horlacher, Cornelis / Kerstin Rathgeb: Zur Einführung: Kristallisationspunkte in der Sozialen Arbeit. In: Anhorn, Roland / Bettinger, Frank / Horlacher, Cornelis / Kerstin Rathgeb (Hrsg.) (2012): Kritik der Sozialen Arbeit – kritische Soziale Arbeit.
Wiesbaden 2012,
VS Verlag, S. 1-26

Anhorn, Roland / Bettinger, Frank / Johannes Stehr: Vorwort. In: Anhorn, Roland / Bettinger, Frank (Hrsg.) (2002²): Sozialer Ausschluss und Soziale Arbeit. Positionsbestimmungen einer kritischen Theorie und Praxis Sozialer Arbeit.
Wiesbaden 2002,
Verlag für Sozialwissenschaften, S. 9-12

Anhorn, Roland / Stehr, Johannes:	Grundmodelle von Gesellschaft und soziale Ausschließung: Zum Gegenstand einer kritischen Forschungsperspektive in der Sozialen Arbeit. In: Schimpf, Elke / Stehr, Johannes (Hrsg.) (2012): Kritisches Forschen in der Sozialen Arbeit. Wiesbaden 2012, VS Verlag, S. 57- 76
ATTAC e.V.:	Selbstverständnis https://www.attac.de/was-ist-attac/selbstverstaendnis/, Frankfurt am Mai 2020, Abruf am 27. Juni 2020
Bettinger, Frank:	Bedingungen kritischer Sozialer Arbeit. In: Anhorn, Roland / Bettinger, Frank / Horlacher, Cornelis / Kerstin Rathgeb (Hrsg.) (2012): Kritik der Sozialen Arbeit – kritische Soziale Arbeit. Wiesbaden 2012, VS Verlag, S. 163-190
Bettinger, Frank:	Kritische Sozialarbeit. Was ist Soziale Arbeit. https://www.gew-hb.de/aktuelles/detailseite/neuigkeiten/w

as-ist-soziale-arbeit/
Bremen 2015,
Abruf am 26. Juli 2020

Bettinger, Frank: Der „Arbeitskreis kritische Soziale Arbeit"
(AKS)
www.kritischesozialearbeit.de/
Kassel 2020,
Abruf am 27. Juni 2020

Birgmeier, Bernd: Theorie(n) der Sozialpädagogik – reloaded! Eine Matrix zu Dilemmastrukturen und das Programm eines handlungstheoretischen Neustarts. In: Birgmeier, Bernd/Mührel, Eric (Hrsg.) (2009): Die Sozialarbeitswissenschaft und ihre Theorie(n). Positionen, Kontroversen, Perspektiven.
Wiesbaden 2009,
VS Verlag für Sozialwissenschaften, S. 231-243

Bittlingsmayer, Uwe H./ Freytag, Tatjana: Einleitung. In: Bittlingsmayer, Uwe H./Demirovic/Freytag, Tatjana (Hrsg.) (2019): Handbuch Kritische Theorie.
Wiesbaden 2019,
Springer VS Verlag, S. 3-38

Bock, Karin/ Miethe, Ingrid:	Qualitative Forschung. In: Otto, Hans-Uwe/Thiersch, Hans (Hrsg.) (2011): Handbuch Soziale Arbeit. München und Basel 2011, vierte Auflage Ernst Reinhardt Verlag. S. 1186-1197
Bruhn, Manfred:	Marketing für Nonprofit-Organisationen. Grundlagen – Konzepte – Instrumente. Stuttgart 2012, zweite Auflage, Kohlhammer Verlag
Cremer- Schäfer, Helga:	Kritische Institutionenforschung. Eine Forschungstradition, an der weiter gearbeitet werden kann? In: Kritisches Forschen in der Sozialen Arbeit – eine Einleitung. In: Schimpf, Elke/Stehr, Johannes (2012): Kritisches Forschen in der Sozialen Arbeit. Gegenstandsbereiche – Kontextbedingungen – Positionierungen – Perspektiven. Wiesbaden, Springer VS Verlag. S. 135-148.
Deutscher Fundraising Verband:	Presseinformation https://www.dfrv.de/blog/2019/11/28/pressemitteilung-spendenpotenzial/, Frankfurt am Main 2019, Abruf am 27. Juni 2020

Deutscher Fundraising Verband:	Offener Brief https://www.dfrv.de/blog/2020/04/20/offener-brief-gemeinnuetziger-sektor-fordert-solidaritaet/ Frankfurt am Main 2020, Abruf am 27. Juni 2020
Die Welt:	Offener Brief https://www.welt.de/wirtschaft/article207340789/Offener-Brief-Gemeinnuetzige-Organisationen-fordern-Soforthilfe.html Berlin 2020, Abruf am 27. Juni 2020
Gabler Wirtschaftslexikon:	Definition Organisation https://wirtschaftslexikon.gabler.de/definition/organisation-51971 Wiesbaden 2018, Abruf am 27. Juni 2020
Gabler Wirtschaftslexikon:	International Classification of Nonprofit Organizations (ICNPO) https://wirtschaftslexikon.gabler.de/definition/international-classification-nonprofit-organizations-icnpo-41226/version-264595 Wiesbaden 2018,

Abruf am 21.05.2020

Gabler Wirtschaftslexikon:
Nonprofit-Organisation (NPO)
https://wirtschaftslexikon.gabler.de/defini tion/international-classification-nonprofit-organizations-icnpo-41226/version-264595
Wiesbaden 2018,
Abruf am 21.05.2020

Galuske, Michael:
Flexible Sozialpädagogik. Elemente einer Theorie Sozialer Arbeit in der modernen Arbeitsgesellschaft.
Weinheim 2002,
Juventa Verlag

Groenemeyer, Axel:
Soziale Probleme, soziologische Theorie und moderne Gesellschaften. In: Albrecht, Günter/Groenemeyer, Axel/ Stallberg, Friedrich W. (1999): Handbuch soziale Probleme.
Wiesbaden 1999,
Westdeutscher Verlag, S. 13-71

Groenemeyer, Axel:
Soziologie sozialer Probleme – Fragestellungen, Konzepte und theoretische Perspektiven. In: Groenemeyer, Axel (Hrsg.) (2012): Handbuch soziale Probleme.

Wiesbaden 2012,
VS Verlag, S. 17-116

Handels- blatt:	Gemeinnützige Unternehmen in Not – Kommt bundesweit Hilfe für Vereine, Initiativen und Träger https://www.handelsblatt.com/politik/deutschland/coronakrise-gemeinnuetzige-unternehmen-in-not-kommt-bundesweite-hilfe-fuer-vereine-initiativen-und-traeger/25758650.html?ticket=ST-1758317-fvPG2cMAC6YV2MsER9GU-ap1 Düsseldorf 2020, Abruf am 28. Juni 2020
Harbach, Heinz:	Eine Soziologie der Ungerechtigkeit. In: Groenemeyer, Axel/Wieseler, Silvia (2008): Soziologie sozialer Probleme und sozialer Kontrolle. Realitäten, Repräsentationen und Politik. Wiesbaden 2008, VS Verlag, S. 48-69
Hartz, Ronald:	Forum Kritische Organisationsforschung. https://www.tu-chemnitz.de/wirtschaft/ema/forschung/forum, Chemnitz 2008,

Abruf am 26. Juni 2020

Hartz, Ronald: Von anderen Organisationen – Ein Essay über Perspektiven kritischer Organisationsforschung. In: Zeitschrift Managementforschung (2017), Wiesbaden 2017, Springer Verlag, S. 167-191

Kohlhoff, Ludger: Finanzierung der Sozialwirtschaft. Eine Einführung. Wiesbaden 2017, Springer VS

Laing, Ronald: Die Politik der Familie. Köln 1974, Kiepenheuer und Witsch

Lambers, Helmut: Theorien der Sozialen Arbeit: Ein Kompendium und Vergleich. Stuttgart 2018, 4. Aktualisierte Auflage, utb Verlag

Maier, Konrad: Soziale Arbeit braucht qualifizierte Grundlagenforschung. In: Blätter der Wohlfahrtspflege. 156. Jg., H. 2.,

Baden-Baden 2009,
Nomos Verlag, S. 45-49

Merten,
Roland:

Wissenschaftstheoretische Dimensionen der Diskussion um „Sozialarbeitswissenschaft". In: Koditek, Thomas / Merten, Roland / Sommerfeld, Peter (Hrsg.) (1996): Sozialarbeitswissenschaft, Kontroversen und Perspektiven.
Berlin und Neuwied 1996,
Luchterhand Verlag, S. 55-92

Nullmeier,
Frank:

Nachwort von Frank Nullmeier zur Neuausgabe von 2005. In: Edelman, Murray (2005³): Politik als Ritual. Die symbolische Funktion staatlicher Institutionen und politischen Handelns.
Frankfurt / New York 2005,
Campus Verlag, S. 199-219

Oelerich,
Gertrud /
Otto,
Hans-Uwe:

Empirische Forschung und Soziale Arbeit – Einführung. In: Oelerich, Gertrud / Otto, Hans-Uwe (Hrsg.) (2011): Empirische Forschung und Soziale Arbeit. Ein Studienbuch.
Wiesbaden 2011,
Verlag für Sozialwissenschaften

Oelerich, Gertrud / Schaarschuch, Andreas:	Theoretische Grundlagen und Perspektiven sozialpädagogischer Nutzerforschung. In: Oelerich, Gertrud / Schaarschuch, Andreas (Hrsg.) (2005⁴): Soziale Dienstleistungen aus Nutzersicht. Zum Gebrauchswert Sozialer Arbeit. München und Basel 2005, Ernst Reinhardt Verlag, S. 9-25
Peters, Helge:	Die politische Funktionslosigkeit der Sozialarbeit und die „pathologische" Definition ihrer Adressaten. In: Otte, Hans-Uwe / Scheider Siegfried (Hrsg.) (1973): Gesellschaftliche Perspektiven der Sozialarbeit. Band 1. Neuwied und Berlin 1973, Luchterhand Verlag, S. 151-164
Scherr, Albert:	Reflexive Kritik. Über Gewissheiten und Schwierigkeiten kritischer Theorie, auch in der Sozialen Arbeit. In: Anhorn, Roland / Bettinger, Frank / Horlacher, Cornelis / Kerstin Rathgeb (Hrsg.) (2012): Kritik der Sozialen Arbeit – kritische Soziale Arbeit. Wiesbaden 2012,

VS Verlag, S. 107-122

Schimpf, Elke / Stehr, Johannes: Kritisches Forschen in der Sozialen Arbeit – eine Einleitung. In: Schimpf, Elke / Stehr, Johannes (2012): Kritisches Forschen in der Sozialen Arbeit. Gegenstandsbereiche – Kontextbedingungen – Positionierungen – Perspektiven. Wiesbaden 2012, Springer VS Verlag. S. 7-23

Schweppenhäuser, Gerhard: Kritische Theorie. Stuttgart 2010, Reclam Verlag

Seithe, Mechthild: Schwarzbuch Soziale Arbeit. Wiesbaden 2019, 2. Aktualisierte Auflage, VS Verlag für Sozialwissenschaften

Sommerfeld, Peter: Sozialpädagogische Forschung. In: Otto, Hans-Uwe / Thiersch, Hans (Hrsg.) (2011): Handbuch Soziale Arbeit. München und Basel 2011, 4. Aktualisierte Auflage, Ernst Reinhardt Verlag. S. 1462-1473

ZDF: Prämie wegen Corona – 1.500 Euro zusätzlich für Pflegekräfte
https://www.zdf.de/nachrichten/wirtscha

ft/corona-pflegekraefte-praemie-100.html
Mainz 2020,
Abruf am 21.05.2020

Die ZEIT   Bundesfinanzhof: Attac ist nicht gemein-
2020:   nützig
                  https://www.zeit.de/politik/deutschland/
                  2019-02/bundesfinanzhof-attac-
                  aberkennung-status-gemeinnuetzigkeit-
                  aktivismus
                  Berlin 2019,
                  Abruf am 27. Juni 2020

Über den Autor Johannes Stephens

Sozialpädagoge B.A. & M.A. mit gemeindepädagogisch-diakonischer Qualifikation (FH), Sozialmanagement M.A. (in 2021), Personal Coach (zertifiziert), psychologischer Berater (zertifiziert), langjähriger Organisationsberater und Fundraisingexperte, Buchautor

Weitere Publikationen:
Stephens, Johannes (2013): Flucht ist kein Verbrechen – Situation von Asylbewerbern in Deutschland. Akademischer Verlag: München.

Stephens, Johannes (2013): Armut und soziale Gerechtigkeit – Armes Deutschland? Theorie und Praxis. Akademischer Verlag: München.

Stephens, Johannes (2019): Der konstruierte Flüchtling. Eine Analyse zur Konstruktion des Flüchtlingsproblems in Europa. BOD: Norderstedt.

Stephens, Johannes (2019): Du sollst den Fremden lieben. Mit Flüchtlingen über den Glauben sprechen. BOD: Norderstedt.

Stephens, Johannes (2021): Nicht systemrelevant und ohne Schutzschirm in der Krise – Fundraising als letzte Rettung für Organisationen der Sozialen Arbeit? Eine kritische Perspektive für die Praxis und die Finanzierung der Sozialen Arbeit. In: Kniffki, Johannes / Lutz, Ronald / Steinhaussen, Jan (Hrsg.): Sozialarbeit nach Corona. Juventa Verlag: Weinheim.

Kontakt Johannes Stephens

www.johannes-stephens.de

Gerne stehe ich für Workshop- und Seminaranfragen zur Verfügung.

E-Mail: info@johannes-stephens.de

Telefon: 0176 830 870 36